LES
CHEMISES
ROUGES

PAR

CHARLES MONSELET

auteur de

La Franc-Maçonnerie des Femmes.

I

PARIS

L. DE POTTER, LIBRAIRE-ÉDITEUR

RUE FONTAINE MOLIÈRE, 27.

LES

CHEMISES ROUGES

SUITE DES NOUVEAUTÉS EN LECTURE
DANS TOUS LES CABINETS LITTÉRAIRES

Zanetta la Chanteuse, par Molé-Gentilhomme. 4 vol. in-8.
Les deux Sœurs de Charité, par Clémence Robert. 3 vol. in-8.
Marthe, par Madame la comtesse Dash. 2 vol. in-8.
Le Vicomte de Chateaubrun, par Gabriel Ferry. 2 vol. in-8.
Le Page du Roi, par le vicomte Ponson du Terrail. 4 vol. in-8.
Les Mémoires d'un vieux Garçon (Victoires et Conquêtes), par A. de Gondrecourt. 5 vol. in-8.
Les Cavaliers de la Nuit, par le vic. Ponson du Terrail. 4 vol.
Les Paysans, scènes de la vie de Campagne, par H. de Balzac. 5 vol.
Les Damnés de Java, par Méry. 3 vol. in-8.
La Fille de Cromwell, par Eugène de Mirecourt. 4 vol. in-8.
Le Roi de la Barrière, par Paul Féval. 4 vol. in-8.
La Roche sanglante, par Molé-Gentilhomme. 5 vol. in-8.
Le Fou de la Bastide, par Clémence Robert. 3 vol. in-8.
Le Château des Fantômes, par Xavier de Montépin. 5 vol. in-8.
La Fée du Jardin, par Madame la comtesse Dash. 3 vol. in-8.
Le Capitaine Zamore, par le marquis de Foudras et Constant Guéroult, auteur de *Roquevert l'Arquebusier*, etc., etc. 4 vol. in-8.
Le Dragon de la Reine, par Gabriel Ferry. 4 vol. in-8.
Diane de Lancy, par le vicomte Ponson du Terrail. 4 vol. in-8.
Les Amours d'Espérance, par Auguste Maquet. 5 vol. in-8.
Les vautours de Paris, par le marquis de Foudras et Constant Guéroult, auteur de *Roquevert l'Arquebusier*, etc., etc. 4 vol. in-8.
Madame Pistache, par Paul Féval. 2 vol. in-8.
La Tombe-Issoire, par Élie Berthet. 4 vol. in-8.
Le Comte de Sallenauve, par H. de Balzac. 5 vol. in-8.
Les Amours de Vénus, par Xavier de Montépin. 4 vol. in-8.
La dernière Favorite, par madame la comtesse Dash. 3 vol. in-8.
Robert le Ressuscité, par Molé-Gentilhomme. 4 vol. in-8.
Les Tonnes d'Or, par le vicomte Ponson du Terrail. 4 vol. in-8.
Les Libertins, par Eugène de Mirecourt. 2 vol. in-8.
La Famille Beauvisage, par H. de Balzac. 4 vol. in-8.
Un Roué du Directoire, par Eugène de Mirecourt. 2 vol. in-8.
Le Député d'Arcis, par H. de Balzac. 4 vol. in-8.
Mercédès, par madame la comtesse Dash. 3 vol. in-8.
Blanche de Savenières, par Molé-Gentilhomme. 4 vol. in-8.
La Fille de l'Aveugle, par Emmanuel Gonzalès. 3 vol. in-8.
Le Château de la Renardière, par Marie Aycard. 4 vol. in-8.
Roch Farelli, par Paul Féval. 2 vol. in-8.
La comtesse Ulrique, par le marquis de Foudras et Constant Guéroult, auteur de *Roquevert l'Arquebusier*, etc., etc. 4 vol. in-8.
Les Catacombes de Paris, par Élie Berthet. 4 vol. in-8.
La Tour des Gerfauts, par le vic. Ponson du Terrail. 5 v. in-8.

Pour la suite des Nouveautés, demander le Catalogue général qui se distribue gratis.

Imprimerie de P.-A. Bourdier et Cie, 30, rue Mazarine.

LES
CHEMISES
ROUGES

PAR

CHARLES MONSELET

auteur de

La Franc-Maçonnerie des Femmes.

I

PARIS

L. DE POTTER, LIBRAIRE-ÉDITEUR

RUE FONTAINE MOLIÈRE, 27.

Droits de reproduction et de traduction réservés.

1857

LE MÉDECIN DES VOLEURS
ou
PARIS EN 1780
PAR HENRY DE KOCK.

Montrer Paris tel qu'il était comme mœurs, comme habitudes, comme usages, vers la fin du dix-huitième siècle, tel a été le but de l'auteur de ce livre. S'embarquant à pleines voiles dans le roman d'aventures, Henri de Kock, que nous ne connaissions jusqu'ici que comme un fin observateur d'amours et de ridicules modernes, a bravement couru sur les brisées du maître à tous en ce genre : Alexandre Dumas. Drames étranges ou terribles, scènes émouvantes ou comiques, caractères habilement tracés, types curieux, le *Médecin des Voleurs* contient tout cela, et notez, un grand éloge à faire encore de cette œuvre, — que Henri de Kock, en s'y livrant, a évité l'écueil contre lequel se sont brisés le plus souvent les écrivains qui ont parlé de cette époque! — Le règne de Louis XVI. — Pas un mot de politique, pas une phrase ayant trait à la révolution ne viennent déparer de leurs teintes trop sombres, un récit où l'imagination ne perd rien cependant à se mêler à la réalité. *Le Médecin des Voleurs* est appelé à un immense succès. On lira ce livre pour s'amuser... on le lira pour s'instruire.

LE MASQUE D'ACIER
PAR
M. THÉODORE ANNE.

Un homme d'un immense talent, Walter Scott a mis à la mode les romans historiques, et sous sa plume habile les faits ont pris une couleur dramatique. Scrupuleux observateur de la vérité, il a fait agir, parler, marcher, les personnages dont l'histoire nous raconte les actions, il a ouvert ainsi une route dans laquelle les plus humbles essaient de marcher à leur tour. L'histoire d'Angleterre est féconde en grands événements, en effroyables catastrophes. On a dit d'elle, qu'elle semblait écrite par un bourreau qui avait trempé sa plume dans du sang. Le règne d'Henri VIII compte parmi ces tristes règnes, où l'ambition d'un homme ne voit point d'obstacles, et les tranche quand il ne peut les renverser. L'auteur du *Masque d'acier* a élargi son cadre, et profitant de la liberté que laisse le roman, il embrasse une période de près de quatre-vingts ans, et la conduit par un dernier lien, bien au delà d'un siècle, traversant ainsi sept générations de rois. L'action est constamment serrée, et se dénoue avec ses péripéties attachantes. Il s'agit d'une association secrète qui marche à son but avec un sang-froid imperturbable. Elle ne triomphe pas toujours, elle a ses jours de gloire, et ses jours de déception, mais elle ne se laisse pas plus enivrer par le succès, qu'elle ne se laisse abattre par les revers. Ferme dans ses résolutions, ardente dans ses amitiés, implacable dans ses colères, elle ne dévie pas du but qu'elle s'est proposé. Une seule main tient tous les ressorts, et les fait agir à son gré. Invisible et présente, elle est partout, agit toujours, écarte le danger, ou joue avec lui certaine de le vaincre. Elle coudoie ses amis et ses ennemis, sans jamais se révéler autrement que par ses actes, à ceux qui lui sont favorables, ou à ceux qui lui sont contraires. Bref, le chef de cette association formée sur les bases de celle dite des *Francs-Juges*, est un maître omnipotent, une sorte de *Vieux de la montagne*, et quand vient le moment, les conjurés disparaissent sans que ceux qui avaient intérêt à les connaître, sachent quelle a été leur origine.

LES CHEMISES ROUGES

CHAPITRE PREMIER.

Le fils de J.-J. Rousseau.

Dans la grande allée du jardin du Palais-Royal, une après-midi de l'année 176., à l'heure accoutumée de la promenade des petits-maîtres et des petites maîtresses, on remarquait un homme dont les allures étaient aussi bizarres que le costume.

Coiffé d'un bonnet fourré, il portait une longue robe à l'arménienne, ouverte par devant. Une gravure éxécutée pour la galerie du duc d'Orléans, d'après un pastel de Latour, a conservé l'accoutrement et les traits de cet original illustre.

Sa démarche était lente, presque solennelle. Il était petit, et s'apetissait encore en baissant la tête. Les principales lignes de son visage manquaient de régularité, mais non pas tout à fait de noblesse cependant. Sous une physionomie éteinte et froide, il cachait, enfoncés, deux petits yeux, susceptibles d'un vif éclat, comme ces quinquets dont un bouton hausse ou diminue la lueur; mais ses dents étaient horribles.

Ce personnage, qui était l'objet de la curiosité générale, distribuait silencieusement aux promeneurs des carrés de papier, écrits à la main, sortes de billets circulaires, dont voici l'historique et singulière teneur :

« Français! nation jadis aimable et

douce, qu'êtes-vous devenus? Que vous êtes changés pour un étranger infortuné, seul à votre merci, qui n'a jamais fait, ni voulu, ni rendu de mal à personne, et qui maintenant traîné par vous dans la fange de l'opprobre, se voit, se sent chargé à l'envi d'indignités inouïes parmi les humains, sans avoir pu jamais en apprendre au moins la cause?

» C'est donc là votre franchise, votre douceur, votre hospitalité! Quittez ce vieux nom de Francs, il doit trop vous faire rougir.

» Je n'attends ni ne veux de vous aucune grâce ; ce que je veux et qui m'est dû, c'est qu'on m'apprenne enfin quels sont mes crimes. Que si, pour des raisons qui me passent, vous avez résolu d'abreuver le reste de mes tristes jours d'angoisses et de dérision, sans daigner écouter mes griefs, mes raisons, mes plaintes, j'élèverai au ciel pour toute défense un cœur sans fraude et des mains pures de tout mal, lui demandant, non, peuple cruel, qu'il me venge et vous punisse, mais qu'il ouvre bientôt à ma vieillesse un meilleur asile où vos outrages ne m'atteignent plus! »

A cause du petit nombre de copies

qu'il avait entre les mains, le prétendu Arménien n'en donnait pas à tout le monde. Il choisissait parmi les physionomies du jardin celles qui lui plaisaient davantage. On eût dit, au fallot près, le cynique d'Athènes cherchant un homme.

Les gens réunis autour de l'arbre de Cracovie, au milieu de l'allée des Marronniers, le regardaient passer en le montrant au doigt; on voyait là des gazetiers tout frais sortis de la Bastille, des joueurs d'académie retapant insolemment leur chapeau sur l'oreille, des poëtes qui demandaient des rimes aux branches, des abbés en chenil poursuivant les femmes de leurs quolibets.

Sous cet arbre longtemps fameux, s'étaient faites bien des réputations, se rendaient bien des oracles. C'était comme un autre chêne de Dodone, que ne dédaignaient pas de consulter les plus indifférents.

On y causait de tout, mais particulièrement de philosophie et de politique, deux choses qui se touchaient alors. et, de jour en jour, on en causait à voix plus haute, malgré les avertissements du lieutenant de police. Ce fut le premier club, organisé par le printemps et le soleil.

Un jour, la royauté s'avisa de mettre la hache dans l'arbre de Cracovie. Mais il était trop tard. L'arbre de Cracovie avait déjà vu grandir à son ombre les révolutionnaires de l'avenir!

Quand il passa devant, l'Arménien eut un froncement de sourcil, et doubla le pas.

Il abandonna l'allée pour côtoyer le gazon. La foule occupait presque toute les chaises qui entouraient le grand bassin.

C'était jour d'Opéra.

Une nuée de femmes, plus luxueusement parées les unes que les autres, éblouissaient le regard; elles étaient chargées d'aigrettes et de girandoles, avec la petite oie entière de la façon de la Dulac; il y en avait qui jouaient de l'éventail ou de la lorgnette.

Par esprit de contraste, quelques-unes étaient venues en déshabillé et en robe ouverte, la jupe garnie de falbalas et de quilles, mais courte, de façon à laisser voir un pied mignon chaussé d'une mule blanche.

Elles portaient en outre le griffon sous le bras et le panier à ouvrage à la ceinture, enfin tout ce qui est du ressort de la petite toilette.

Dans ce cercle doré, qui pétillait d'éclats de rire, personne ne fit attention à l'homme aux circulaires...

En grommelant quelques paroles de dépit, il arriva près de la grille du jardin particulier où étaient renfermés des animaux et des oiseaux étrangers. Là seulement il s'arrêta étonné de la scène qui s'offrit à ses yeux.

Un individu, qu'à son grand air plus qu'à son habit pailleté, il était facile de reconnaître pour quelqu'un de la cour, s'amusait depuis plusieurs instants à agacer un singe longuemain.

Il puisait délicatement, au fond d'une boîte d'or, des pistaches qu'il jetait par le treillis, et ensuite il se pâmait de rire aux gambades, souplesses et contorsions de l'animal.

Pourtant, c'était un homme d'un âge mûr et d'une belle figure ; l'intelligence rayonnait sur son front ; sa main et sa jambe surtout étaient magnifiques ; évidemment ce ne pouvait pas, ce ne devait pas être un homme ordinaire. Mais en ce moment il était tellement captivé qu'il ne s'aperçut pas de la présence du témoin que le hasard lui envoyait.

Celui-ci, après quelques minutes d'examen, prit le parti de s'avancer vers lui, et, sans saluer, il lui tendit un de ses billets.

Le grand seigneur, dérangé dans son

divertissement, fit un geste qui témoignait plus d'impatience que de surprise. Il prit néanmoins le papier, après avoir regardé à deux fois la personne qui le lui présentait, et, jetant un rapide coup d'œil sur la suscription, il lut ces mots :
A tout Français aimant encore la vérité et la justice.

Alors, s'empressant de le rendre sans le déplier :

— Merci, dit-il, cela ne s'adresse pas à moi.

L'Arménien était demeuré interdit.

— Allons ! murmura-t-il au bout d'une réflection. voilà la seule parole sincère que j'aie encore obtenue d'une bouche française.

Et, jetant un regard soupçonneux sur le grand seigneur qui s'était remis à jouer avec le singe, il ajouta :

— Mais, pour parler de la sorte, vous savez donc qui je suis ?...

— Eh ! monsieur, à ce seul trait, qui n'aurait déjà reconnu le philosophe Jean-Jacques Rousseau ?

Ces paroles, quoique prononcées avec un accent de bonhomie parfaite, amenèrent un nuage sombre sur le visage de de l'homme célèbre qui venait d'être nommé.

— Je comprends maintenant pourquoi l'on me condamne sans m'entendre, pourquoi mes persécuteurs ne cessent d'attirer contre moi l'animosité publique ; ils ont juré ma perte dans leur insigne duplicité, et mon nom même est voué par eux à l'éxécration du genre humain.

Tel était le langage emphatique de l'auteur de la Nouvelle Héloïse, quand il subissait l'empire de son effervescente personnalité. L'homme de la nature, comme il s'intitulait lui-même, n'était plus alors qu'un rhéteur ambitieux, un comédien jouant la misanthropie, sans but, pour le plaisir seulement de la jouer.

Alors sa voix devenait bruyante, sans être pour cela plus vigoureuse. Son maintien, d'ordinaire embarrassé, farouche et vulgaire, faisait place à une contenance où se lisait le défi.

On s'attendait à des jets de flamme, à des pensées frappantes, à du génie, enfin! Point du tout, maître de lui-même, en dépit de son masque pâle et nerveux, il savait atteler à son apparente indignation les images, les tropes, les apostrophes, les antithèses, et en général toutes les vieilles haquenées du carosse de la rhétorique.

C'était une colère annotée comme une partition. Il ressemblait à cet honnête Allemand dont parle Jean-Paul, qui, toutes les fois qu'il se mettait à table, « n'oubliait jamais de nouer sa serviette autour du cou, pour ne pas tacher son gilet de satin. »

Il semble qu'il y ait eu deux hommes dans Rousseau, bien différents l'un de l'autre, et que l'on peut caractériser ainsi :

Rousseau chez lui, et Rousseau dehors.

Rousseau chez lui était un personnage obscur, vivant obscurément, un musicien, un auteur, un botaniste, tout ce qu'on voudra ; mais un homme de travail et de pensée.

Rousseau dehors était une variété de fou, qui se revêtait d'habillements étranges, un être quinteux, brutal, qui briguait à tout prix l'attention du public, courant au-devant de l'affront et de la huée, un maniaque appelant sur sa tête la persécution pour s'en faire une auréole.

Rousseau chez lui adorait les hommes et travaillait à leur bonheur ; du moins l'écrivait-il.

Rousseau dehors exécrait les hommes et il le leur disait en face, quand ils se retournaient pour lui sourire.

— Oh ! oh ! M. Rousseau, vous êtes donc réellement bien malheureux ? fit le grand seigneur qui l'avait écouté avec surprise.

— Justes dieux ! c'est un Français qui le demande !

— Est-ce que vous n'êtes pas suffisamment satisfait des transports d'admiration, de délire, d'enthousiasme, excités par la dernière reprise du Devin du village ? Franchement, vous seriez difficile.

— Je ne dis pas cela...

— Est-ce que M. le prince de Conti n'a

pas envoyé l'autre jour, sa musique à votre lever ?

— Oui vraiment...

— Madame de Pompadour ne vous a-t-elle pas fait les plus gracieuses avances qui se puissent faire de femme à philosophe ?

— Sans doute ; mais...

— Enfin n'êtes-vous pas, avec M. de Voltaire, l'homme dont on s'occupe le plus dans Paris ?

Un sourire fielleux passa sur les lèvres du philosophe genévois, au nom du philosophe parisien.

— Alors, que diable pouvez-vous encore désirer? exclama le grand seigneur.

— Justice et vérité! répondit superbement Jean-Jacques en faisant allusion à la devise de son factum.

— Justice de qui? vérité pour quoi?

— Aveuglement inconcevable! obstination cruelle ! Ignorez-vous les tortures incessantes dont je suis l'objet, les piéges qui m'entourent, les calomnies auxquelles je suis en butte ? Ne suis-je pas signalé, recommandé, dénoncé partout aux facteurs, aux gardes, aux mouches, aux savoyards, dans tous les spectacles, dans tous les cafés, aux barbiers, aux marchands, aux colporteurs, aux libraires ? Ne m'a-t-on pas fait décréter à Genève et décréter à Paris ? Ne m'a-t-on pas chassé de toute la Suisse, et poursuivi, à Motiers, de coups de pierres ? Justice de qui ? Vérité pour quoi ? Mais vous ne savez donc rien de ma vie et de mes souffrances ?..

— Ma foi, M. Rousseau, je sais que l'Emile et le Contrat social on été traduits en plusieurs langues, et qu'il y a là de quoi guérir bien des blessures d'amour-propre, sans compter les petites tracasseries de vos ennemis.

— Dites mes bourreaux! des monstres qui sont parveuus à me rendre le jouet de la canaille, et qui ont trouvé l'art de me faire de Paris une caverne plus affreuse cent fois que les antres des forêts! Est-il besoin de vous apprendre les dépenses énormes qu'ils font pour m'enlacer de telle sorte qu'au milieu de ma feinte liberté je ne puisse ni dire un mot, ni faire un pas, ni mouvoir un doigt, qu'ils ne le sachent et ne le veuillent? Vous raconterai-je comment, dans ma retraite du Dauphiné, ils avaient réussi à écarter de moi toute encre lisible, si bien que je fus obligé d'écrire mes Confessions avec de l'encre de Chine, à laquelle on n'avait pas songé? Dès que je m'établis quelque part, les murs, les planchers, les serrures, tout est disposé pour leur espionnage. Mes lettres sont ouvertes, mes gazettes retenues; on prend note de ceux qui demandent à me voir; au parterre on place un sergent à mes côtés. La haine, la haine aveugle et stupide, voilà ce que je rencontre incessamment sur mon passage!

— Allons donc! mon cher philosophe, vous exagérez; ouvrez les yeux : à la ville, à la cour, c'est à qui vous aura à dîner, à qui vous offrira des retraites somptueuses, le prince de Ligne, le duc de Chartres, le duc de Penthièvre...

— Pure manége! ruse grossière! on me hait, vous dis-je, on me hait! Ce matin encore, un mendiant m'a rejeté au nez mon aumône. Je suis odieux au peuple. Veux-je passer l'eau vis-à-vis les Quatre-Nations, on ne passera point pour moi, quand même je m'offrirais à payer double. Veux-je me faire décrotter, les décrotteurs, surtout ceux du Temple et du Palais-Royal, me refusent avec mépris leurs services. Je traîne l'horreur sur mes pas. L'autre semaine, on m'a reconduit igniominieusement, un soir que je sortais du café de la Régence. Je suis odieux au peuple, entendez-vous bien !

— Et qu'est-ce que cela vous fait, M. Rousseau? demanda le grand seigneur.

— Ah! vous ne comprenez pas cela.

vous. Vous croyez qu'il me suffit de l'approbation des courtisans, des grandes dames, des princes; que je suis fort heureux de la sorte, et que c'est d'une étrange audace à moi de désirer davantage! En dehors de Versailles, vous ne voyez rien qui puisse tenter l'ambition d'un homme, n'est-ce pas? On a parlé de moi à la cour; tout est dit, c'est l'apogée, le Capitole. Le reste n'est rien ou peu de chose. Que le peuple m'injurie et me méprise, qu'importe, si Sa Majesté Louis XV a chanté le matin les airs de mon opéra. Parbleu! je suis un personnage bien singulier, n'est-il pas vrai? Eh bien! moi, je vous dis qu'entre la haine

croyez rien de sa tapissière, pas plus que d'autres traits semblables ; ce sont des romans qu'il a fait faire pour jeter quelque intérêt sur la nullité de sa vie...

Rivarol était venu avec ses deux sœurs, qu'il avait tout récemment appelées auprès de lui à Paris, au grand déplaisir de sa femme. On sait que le ménage de Rivarol était un enfer. Ce fut là sans doute ce qui le conduisit à traduire le Dante, bien qu'au premier aspect l'union de ces deux talents puisse sembler impossible. Quoi qu'il en soit ce Rivarol, un des hommes les plus brillants de la décadence française, était vêtu comme un prince, dont il avait d'ailleurs la mine et le maintien, malgré qu'il ne fût que le fils très-obscur d'un cabaretier. Il portait avec aisance un vaste habit bleu de ciel, galonné très-large et enrichi d'une multitude de boutons et de boutonnières de clinquant d'argent ; la veste était d'un beau basin, avec des bouquets brochés et ornée d'une longue frange à graines d'épinards. Il n'y avait guère en ce moment à Paris que deux hommes capables de lutter de science élégante avec M. de Rivarol : c'étaient le comte d'Artois et Molé le comédien. Le bas de soie accusait une jambe de cour, et sa chevelure poudrée avec un art spécial étincelait aux lueurs des bougies.

Un gros homme, en perruque à boucles épaisses, était assis non loin de madame la comtesse de Beauharnais. C'était Sébastien Mercier, l'auteur du *Tableau de Paris*. Il s'agitait bruyamment sur sa chaise et prodiguait à l'unisson la voix et les gestes. Son élocution ressemblait à son style : c'étaient la même clarté dans la même énergie, la même rapidité d'appréciation, les mêmes arêtes dans la période. Il prenait grand souci des intelligences obscures ou sommeillantes, mais il était sans pitié pour les esprits vulgaires dont la petite science a été puisée aux abreuvoirs communs. On avait cru le flétrir en disant de ses ouvrages qu'ils étaient « pensés dans la rue et écrits sur la borne. » Il n'en portait la tête que plus haute, car il était fier avec raison ; et par ses drames populaires et robustes, tels que *la Brouette du vinaigrier*, il tranchait vigoureusement sur les écrivains affadis de l'école encyclopédique, décapitée alors de ses chefs les plus illustres.

Parmi les voisins de Mercier, celui qui paraissait le plus offusqué, c'était M. Pons (de Verdun), un petit farceur médiocre, qui a inondé les Almanachs de ses épigrammes sans esprit et de ses contes sans nouveauté, propres tout au plus à tapisser le fond des bonbonnières. Mais qui s'inquiétait de M. Pons et qui faisait attention à M. Pons, sinon M. Pons lui-même?...

J'aime mieux arrêter mes regards sur cet homme brun de visage, grand de stature, qui regarde tout le monde hardiment, qui montre un diamant superbe à son jabot, de fortes bagues à ses doigts, qui est vêtu de velours cramoisi, et dont la poitrine majestueuse saillit comme celle d'un géant. Au moins celui-là est taillé dans une large étoffe ; il est joyeux et à l'aise : c'est Casanova, un intrigant solide, un vaste chevalier d'industrie, Casanova de Seingalt, qui a touché à tous les rivages de l'Europe, amoureux, fripon, écrivain, prisonnier d'Etat, courtisan, banquier de jeux, espion, secrétaire, qui a été tout ce qu'on n'est pas !

Qui y avait-il encore à ce festin funèbre et goguenard, donné par Grimod de la Reynière ? Il y avait un poëte terrible, qui s'appelait Robbé dans les écuries et dans les greniers où il couchait, et M. Robbé de Beauveset dans les salons sans pudeur où il était admis. Le prince de Conti, et c'est là une de ces actions qui honorent le plus un homme, avait acheté vingt mille francs la non-publication de ses ouvrages érotiques et antichrétiens. Robbé avait le malheur de posséder du talent, et on le priait quelquefois, vers la fin des orgies, de réciter son Origénisme, poëme rocailleux, mais énergique, qui continuait la tradition des poètes du seizième siècle. En déclamant, il avait la figure et les gestes d'un convulsionnaire, ses yeux roulaient dans leur orbite, une légère écume mouillait ses lèvres, sa voix s'enflait, et les auditeurs s'entre-regardaient presque épouvantés.

Il y avait enfin le vieillard Goldoni, encore leste pour son âge ; Flins des Oliviers et le censeur Coquelei de Chaussepierre.

Parmi les hommes de la noblesse, le comte de Piles, le chevalier de Castellane, le marquis de Marnesia et le vicomte de Toustain-Richebourg.

Les femmes étaient représentées, outre madame de Beauharnais et les sœurs de Rivarol, par la comtesse de Laval, par la belle marquise de Montalembert et par une troisième, plus belle encore, qui n'était connue de personne, et que Grimod de la Reynière avait présentée sous le nom de madame la marquise de Perverie.

Ces trois dames luttaient entre elles de fierté et d'élégance ; elles s'étaient réunies par instinct ; de loin on les eût prises pour trois châsses dorées, tant elles s'étaient posées majestueusement.

De temps en temps, une d'elles se penchait vers l'autre, et les frissons soyeux qu'elle imprimait à sa robe courait par toute la salle.

C'était le vent étoffé, inconnu des anciens.

D'autres fois, de leurs trois éventails ouverts ensemble comme trois arcs-en-ciel, elles voilaient et dévoilaient harmonieusement leur visage encadré de dentelles et de perles.

Les trois Grâces mises à la mode du dix-huitième siècle n'eussent pas eu d'autre aspect, ne se fussent pas vues entourées d'un plus glorieux resplendissement.

C'était surtout la marquise de Perverie que l'on regardait davantage.

Il était difficile en effet d'être plus belle

que cette personne, et d'avoir en même temps cet éclat reposé que donne une patiente habitude du monde, et auquel les natures privilégiées arrivent seules avant trente ans.

Qui était-elle et d'où venait-elle? Pourquoi ne l'avait-on pas vue jusqu'à présent, ou, si on l'avait vue, pourquoi ne l'avait-on pas remarquée? Jamais, de mémoire de courtisan, une femme n'avait mis pour la première fois les deux pieds dans le monde de Paris avec autant de certitude et de charme supérieur.

Elle imposait considérablement par le

regard et par le maintien, et ce pouvait passer pour un miracle au milieu de cette société composée des gens les plus spirituels et les plus dépravés du royaume, d'autant moins disposés à se laisser étonner qu'ils étonnaient eux-mêmes.

Où avait-elle pris cette témérité heureuse, cette douceur grave, enfin cette science aimable et exacte, qui fait qu'une femme n'est jamais tant chez elle que lorsqu'elle est chez les autres?

Son costume caractéristique et de la plus réjouissante fantaisie, mérite d'être dépeint depuis la chemise, qui était en belle toile batave, bordée de mousseline de Picardie, jusqu'aux souliers en glacé d'argent.

Par dessus un jupon de satin blanc, elle portait un fourreau herminé, à bordures roses, avec les petits crochets en diamants et la ceinture en émeraudes.

Le fichu était de gaze à étoiles d'or sur une respectueuse de Malines; le mince tablier, de taffetas rose fleuragé en perles.

Son chignon était demi-flottant; elle avait sur son joli bonnet de dentelles à plis imperceptibles un chapeau de mariage avec des pierreries imitant des fleurs.

Ses bas de soie montraient leurs coins, et sur chacune de ses mules mignonnes s'étalaient un bouquet de brillants : un cordonnet d'or bordait le bout du talon.

Ainsi parée, elle luttait d'un côté avec la violence et l'extravagance des déguisements d'Opéra ; de l'autre, avec la somptuosité des toilettes de la cour.

Au moment où l'on allait se mettre à table, un bruit assez vif se fit entendre dans l'antichambre; on eût dit quelqu'un se disputant avec les valets.

Comme Grimod de la Reynière se dirigeait vers la porte d'entrée, afin d'apprendre la cause de cette rumeur, une femme parut sur le seuil, une fort belle femme.

— Madame de Rivarol! s'écrièrent quelques personnes.

A ce nom redouté, le spirituel écrivain pâlit imperceptiblement et froissa la dentelle de ses manchettes.

Ses deux sœurs cherchaient partout un endroit pour se cacher.

— Madame... fit Grimod en saluant.

— Je ne suis pas invitée, dit-elle avec l'accent anglais, et je ne demande pas à l'être... Je connais les influences auxquelles vous cédez... Depuis que mes belles-sœurs sont ici, elles ont porté le trouble dans ma maison. Mon mari m'a quittée et m'a enlevé mon fils...

— Pardonnez-moi, madame, de vous interrompre, dit Grimod de la Reynière après un second salut ironique ; mais si c'est une consultation que vous venez chercher auprès de moi, je vous préviens que je n'en donne pas aux heures du souper. Aujourd'hui l'avocat cède le pas à l'amphitryon.

Rivarol avait tourné le dos à sa femme et commencé une conversation avec M. Casanova.

— Mais cependant... continua-t-elle.

Grimod de la Reynière saisit un cor d'ivoire qui était appendu à la tapisserie, et il en tira un son dolent et prolongé.

Trois hommes vêtus de noir apparurent.

— Bourguignon, la Jeunesse, Robert ! prononça-t-il, emparez-vous de madame, et transportez-la dans la chambre des douleurs.

Immédiatement madame de Rivarol fut enlevée, malgré ses cris, et enmenée hors de la salle du festin,

On était tellemment habitué à ses escapades, que cet incident et l'ordre qui le termina ne surprirent personne.

Grimod de la Reynière s'avança toutefois vers Rivarol, comme pour s'éxcuser de la liberté qu'il avait prise, mais celui-ci fit la moitié du chemin et lui frappa sur l'épaule en souriant d'approbation.

Alors l'heure du souper sonna.

Une musique invisible se fit entendre dans le lointain, et contribua à donner une teinte d'enchantement aux scènes qui allaient se dérouler.

Grimod invita l'assemblée à passer dans la salle du festin; lui-même se dirigea vers la belle marquise de Perverie à laquelle il offrit sa main, précédant le cortége de ses quarante convives.

— Où diable ce coquin de la Reynière a-t-il été dénicher cette belle inconnue? demandait Beaumarchais à l'oreille de Cazotte.

— Il paraît que c'est une jeune veuve de province, répondait celui-ci; son mari était un ours septuagénaire qu'on a trouvé gelé, un matin, dans sa gentilhommerie. Alors la marquise a tiré le verrou sur ses domaines, et voilà qu'elle est à Paris.

— Qui vous a raconté cela, Cazotte?

— Personne...

On traversait une pièce entièrement obscure.

Beaumarchais garda le silence.

Tout à coup une toile de théâtre se leva rapidement et laissa voir la salle à manger.

Ce ne fut qu'un cri d'admiration.

Les convives se crurent un instant

transportés au pays du soleil, tant l'éclairage était exagéré et splendide.

Un lustre de théâtre pendait au-dessus de la table; ses cristaux, taillés en fleurs de lis, lançaient des feux changeants, sans cesse remués.

En outre, il y avait trois cent soixante-cinq bougies en l'honneur des trois cent soixante-cinq jours de l'an; c'était d'un aspect féerique.

Une galerie supérieure faisait le tour de la salle; elle était indiquée par un cordon de feu qui se détachait, vivace, sur des draperies riches et sombres.

La table était ronde, symbole de l'égalité, et ornée d'une multitude de fleurs embaumantes, qui reposaient dans de magnifiques vases de porcelaine de Sèvres.

Au milieu, par une antithèse de l'espèce la plus choquante, s'élevait en guise de surtout un catafalque en velours, parsemé de petites larmes d'argent clignotantes et de petits os disposés en quinconces.

Cette déplorable et brillante parodie donna le frisson à quelques-uns ; mais comme on s'attendait généralement à des choses extraordinaires, on ne s'en étonna pas plus qu'il ne fallait.

Lorsque tout le monde se fut assis, on reconnut qu'il y avait une place vide.

Instinctivement les regards se tournèrent de ce côté.

Grimod de la Reynière s'en aperçut et satisfit la curiosité unanime par ces paroles :

— M. le duc de Noyal-Treffléan nous excusera de ne point l'avoir attendu.

Il aura fallu, sans doute, des causes majeures pour motiver son absence.

C'est la première fois qu'il manque un de mes soupers.

— Attendez donc, s'écria le marquis de Marnesia ; mais voilà plus d'une semaine, en effet, que l'on n'a vu le duc de Noyal-Treffléan.

— C'est inconcevable de la part d'un homme si fort à la mode, ajouta la comtesse de Laval.

— Il faut, comme dit notre hôte, qu'il lui soit arrivé quelque chose d'imprévu, de bouleversant, de peu commun, murmura le poète Robbé.

— Ze crois plutôt, dit Goldoni, qu'il se cace exprès pour faire parler de loui.

— Non, dit tranquillement une voix; M. le duc de Noyal-Treffléan sera ici dans une heure.

C'était Cazotte qui venait de parler.

— Comment le savez-vous? demanda Grimod de la Reynière en riant.

— J'en suis certain.

L'entrée du premier service détourna immédiatement l'attention de ces paroles mystérieuses, et l'on cessa de s'occuper de la place vide.

Le nouveau spectacle qui s'offrit aux yeux éblouis des conviés était d'ailleurs de nature à les absorbser complétement...

Mais avant de continuer cette relation, je demanderai la permission de retrograder quelque peu, afin de voir ce qui avait pu empêcher le duc de Noyal Treffléan de se rendre plus tôt au souper fantasque de Balthasar Grimod de la Reynière.

CHAPITRE DEUXIEME.

II.

L'agonie du XVIIIᵉ siècle. (*Suite*).

A l'heure douce du crépuscule, un fiacre antique et lent, avec de belles roues toutes rouges, remontait la rue Saint-Victor, que Santeuil et l'épicier empoisonneur Desrues ont successivement rendue célèbre. Il était traîné par deux bêtes placides, sur lesquelles un cocher somnolent laissait pendre les rênes avec mélancolie. Des planches tenaient lieu de glaces et étaient haussées.

Ce fiacre, que la population pauvre regardait avec surprise, dépassa tour à tour la rue du Paon, la rue du Chardonneret, la rue du Mûrier, et toutes ces petites rues horribles qui ont des noms pleins de coquetterie. On eût dit qu'il promenait un malade, tant il y avait de calme réfléchi dans son allure provinciale.

payer votre douce pitié, votre tendre sol-
licitude pour un malheureux que chacun
s'attache à noircir, et contre qui le genre
humain semble s'être ligué tout entier !

« Hélas ! madame, plus je vais, moins
je vais. J'appartiens à la tristesse et au
découragement qui ne me lâchent point.
Cette ruine de l'esprit s'étend jusqu'au
corps, l'un et l'autre vieillissent de compagnie, et il n'y a guère que mes ennemis qui puissent me reconnaître maintenant. Je ne suis plus l'ombre de ce Jean-
Jacques que nous avons connu autrefois,
de ce Jean-Jacques, qui promettait alors
si bien de devenir ce qu'il est aujourd'hui,

c'est-à-dire un homme insupportable à tous les autres hommes, un scélérat, un monstre, tant au moral qu'au physique, et tel enfin que le peintre Ramsay l'a représenté dans son détestable portrait.

« Vous me demandez où j'en suis de mes travaux, et ce que je prétends faire de mes Dialogues, dont je vous ai parlé si souvent, et qui contiennent de grandes lumières sur ma destinée. Je m'étais occupé durant quatre ans de cet écrit, malgré le serrement de cœur qui ne me quittait point, et je touchais à la fin de cette douloureuse tâche sans imaginer comment en pouvoir faire usage.

« Vingt ans d'expérience m'avaient appris quelle droiture et quelle fidélité je pouvais attendre de ceux qui m'entouraient sous le nom d'amis.

« Leur confier mon manuscrit n'était autre chose que vouloir le remettre moi-même à mes persécuteurs.

« Dans cette situation, trompé dans tous mes choix frappé surtout de l'insigne duplicité de ***, que j'avais estimé au point de lui confier mes confessions, et qui, du plus sacré dépôt de l'amitié, n'avait fait qu'un outil d'imposture et de trahison, je résolus de me confier uniquement à la Providence, et de lui demander les ressources que je n'avais plus ici-bas.

« J'imaginai pour cela de faire une copie au net de mes dialogues, et de la déposer dans une église sur un autel; et, pour rendre cette démarche aussi solennelle qu'il était possible, je choisis le grand autel de Notre-Dame, jugeant qu'il pouvait arriver que le bruit de cette action fît parvenir mon manuscrit jusque sous les yeux du roi, ce qui était tout ce qui ne pouvait jamais arriver en m'y prenant de toute autre façon.

« Pour combiner plus sûrement ma démarche, j'allai plusieurs fois de loin en loin examiner la disposition du chœur et de ses avenues ; car ce que j'avais à redouter, c'était d'être retenu au passage, sûr que dès lors mon projet était manqué. Enfin, mon manuscrit étant prêt, je l'enveloppai et j'y mis la suscription suivante :

DÉPOT REMIS A LA PROVIDENCE.

« Protecteur des opprimés, Dieu de justice et de vérité, reçois ce dépôt que remet sur ton autel un étranger infortuné, seul, sans appui, sans défenseur sur la terre, chargé de traitements pires que la mort, et d'indignités inouïes jusqu'ici parmi les humains.

« Providence éternelle, mon seul espoir est en toi ; daigne prendre mon dépôt sous ta garde et le faire tomber en des mains jeunes et fidèles, qui le transmettent exempt de fraude à une meilleure génération. »

Au verso du titre et avant la première page était tracé ce qui suit :

« Qui que vous soyez que le ciel a fait l'arbitre de cet écrit, quelque usage que vous ayez résolu d'en faire et quelque opinion que vous ayez de l'auteur, cet auteur infortuné vous conjure, par vos entrailles humaines et par les angoisses qu'il a souffertes en l'écrivant, de n'en disposer qu'après l'avoir lu tout entier. Songez que cette grâce que vous demande un cœur brisé de douleur, est un devoir d'équité que le ciel vous impose. »

» Tout cela fait, je pris sur moi mon paquet et je me rendis, le samedi 24 février, sur les deux heures, à l'église de Notre-Dame, dans l'intention d'y présenter mon offrande.

» Je voulus entrer par une des portes latérales qui conduisent au chœur, où je comptais pénétrer. Surpris de la trouver fermée, j'allai passer plus bas, par l'autre porte latérale qui donne dans la nef. En entrant, mes yeux furent frappés par une grille que je n'avais jamais remarquée et qui séparait de la nef la partie des bas-côtés qui entoure le chœur.

» Au moment où j'aperçus cette grille, dont les portes étaient fermées, je fus saisi de vertige comme un homme qui tombe en apoplexie ; et ce vertige fut suivi d'un bouleversement dans tout mon être, tel que je ne me souviens pas d'en avoir éprouvé jamais un pareil. L'église me parut avoir tellement changé de face, que, doutant si j'étais bien dans Notre-Dame, je cherchai avec effort à reconnaître et à mieux discerner ce que je voyais.

» Depuis trente ans que je suis à Paris, j'étais venu fort souvent, et en divers temps, à Notre-Dame : j'avais toujours vu le passage autour du chœur ouvert et libre.

» D'autant plus frappé de cet obstacle imprévu que je n'avais dit mon projet à personne, je crus, dans mon premier transport, voir concourir le ciel même à l'iniquité des hommes ; et le murmure d'indignation qui m'échappa ne peut être conçu que par celui qui saurait se mettre à ma place, ni excusé que par celui qui sait lire au fond des cœurs...

» Je sortis rapidement de l'église, résolu de n'y rentrer de ma vie, et me livrant à mon agitation, je courus tout le reste du jour, errant de toutes parts sans savoir ni où j'étais ni où j'allais, jusqu'à ce que, n'en pouvant plus, la lassitude et la nuit me forcèrent de rentrer chez moi, rendu de fatigue et presque hébété de douleur.

» Depuis cette aventure, madame, j'ai le cœur obstrué de divagation et d'angoisses ; je n'aurais jamais cru que la vie pût me devenir si rude, ou que je pusse devenir si faible en face d'elle. Tout en moi n'est que lassitude ou qu'imprécation ; ce sont les deux seules formules par lesquelles se traduisent mes derniers sentiments. Je n'ai plus même la force de rêver ; il me semble plus court de pleurer ou de maudire. Loin de me rendre meilleur, comme le deviennent certaines victimes, je suis de ceux que l'adversité envenime et révolte !

« Madame ! madame ! la vieillesse qui

vient à moi me fait peur. Qui me sauvera de ma vieillesse ? Mes désolations intimes et persistantes commencent à m'étonner moi-même. J'ai sans cesse à la bouche le mot des désespérés : « Ah ! si je pouvais recommencer ma vie ! si je pouvais rentrer surtout dans le monde des inconnus ? » La vieillesse ! ce mot me semble tracé partout en lettres noires autour de moi, sur mon papier, devant moi ; je l'efface, et il revient.

« Pourquoi donc des lâchetés pareilles ? Il est des vieillesses grandes, augustes et blanches, qui s'écoulent dans le repos et que l'on salue involontairement, tant est beau le spectacle d'un homme qui s'en va l'air calme. Au fond des parcs superbes, j'ai rencontré souvent de ces vieillards à tête argentée, nobles et de haute taille, débris superbes de la cour de Louis XIV ; ils s'appuyaient sur le bras d'un de leurs enfants, et ils regardaient sans tristesse le soleil qui se couchait en brûlant les arbres lointains.

» Mais ma vieillesse à moi, ma vieillesse, je la sens, je la devine. Elle n'aura pas le luxe, elle n'aura pas la tranquillité. Il lui manquera le cortége de la famille, les beaux enfants blonds et les jeunes filles en robe blanche.

» On me laissera être vieux tout seul, et on me dira que je l'ai bien mérité. Ma vieillesse ne sourira pas ; aussi ne viendra-t-on pas vers elle, et ne cherchera-t-on pas à la distraire. Je resterai abandonné à mes pensées ; je demeurerai chagrin comme hier, comme toujours. La nature me remplira de regrets, et, en passant des eaux claires, je sentirai des idées lugubres traverser mon cerveau.

» Ai-je donc fait autant de mal qu'on le dit, madame, et le croyez-vous ? À la fin, je me perds moi-même dans ma pensée comme dans un abîme. Il me semble pourtant que j'ai été un homme de bonne foi. Me serais-je trompé? Aurais-je vu le bien de l'humanité là où il n'est pas? et l'avenir, ainsi que le présent, me fera-t-il un crime de mes ouvrages? Je ne veux pas le croire; souvent un homme qui a trop raison dans son siècle n'a plus assez de raison aux yeux du siècle suivant. Je voudrais me persuader qu'il en sera ainsi pour moi.

Apôtre en politique, doit-il donc être éternellement synonyme de martyr? Certainement, pour ma tranquillité, pour mon repos actuel, je sais bien que j'ai eu tort d'avoir raison; et cependant il est des jours où, malgré moi, je me berce de l'espoir d'une réaction populaire, où je crois voir arriver l'heure de mon triomphe!

» Oui, mon imagination s'égare quelquefois sur cette illusion flatteuse, et, d'un regard avide lancé dans l'avenir, je mesure l'espace qui la sépare encore de la réalité!...

Dominé et comme suffoqué par son inspiration, Jean-Jacques Rousseau s'arrêta à cet endroit et plongea sa tête dans ses deux mains.

Un grand tumulte se fit dans la rue, et

Il lui sembla entendre des voix qui s'é-
criaient :

— Jean-Jacques ! Jean-Jacques !

Il n'ouvrit pas sa fenêtre, mais il écarta les petits rideaux, et son œil plongeant en bas, il aperçut une foule remuante, levant ses têtes vers lui, et qui agitait de flambeaux.

— Jean-Jacques ! Jean-Jacques ! criait cette foule,

Étonné, il allait ouvrir la fenêtre pour tâcher de comprendre le sens et l'a-propos de cette manifestation, lorsqu'une réflexion l'arrêta. Ses sourcils tressaillirent sous un vertige d'orgueil; un sourire pétilla dans ses rides.

— Le triomphe! murmura-t-il, le triomphe! ils viennent me saluer grand! Leurs mains sont pleines de couronnes, sans doute! Ils poussent des vivats et demandent à me voir! O mon cœur, contiens-toi! un instant encore, ô mon cœur!

Par un mouvement rapide, il se jeta sur la chandelle et l'éteignit.

Il ne voulait pas que personne pût suspecter sa joie ou apercevoir les mouvements de son ombre.

Mais dès qu'il eut fait la nuit autour de son bonheur, alors un souffle énorme se détacha de sa poitrine; il se prit à rire tout haut et à battre l'air de ses bras. Cet accès passé, il s'approcha à pas de loup de la croisée, et il colla son visage au coin d'une vitre.

— Oui, c'est bien cela; leurs yeux se sont désillés, mon heure est venue. A la fin, je touche la récompense de mes misères et de mes peines... Le triomphe! c'est le triomphe!

Les bruits du dehors redoublaient. Des étincelles envolées des flambleaux secoués montaient jusqu'au quatrième étage.

— Jean-Jacques ! criait-on.

Il regardait toujours.

Cependant il se fit une minute de silence. La foule prenait une décision.

Lui était tout inquiet...

Tout à coup les clameurs du dehors recommencèrent, mais plus intenses et plus désordonnées. Il s'y mêlait quelques éclats de rire et des lambeaux de chansons railleuses.

Le philosophe se haussa pour mieux voir. Une vive flamme remplissait la rue Plâtrière. Il voulut voir tout à fait, et il ouvrit sa fenêtre. Un spectacle inouï frappa en plein son regard.

Il était d'usage tous les ans de brûler en cérémonie un Suisse de paille dans la rue aux Ours.

Ce divertissement populaire déjà négligé à l'époque de notre récit, allait sans doute être entièrement supprimé, lorsque le peuple, par une de ses fantaisies significatives, s'avisa de le renouveler à propos de Rousseau et de ses singularités récentes.

A cet effet, on donna sa figure et son vêtement à l'homme de paille, on lui arma la main d'un couteau luisant. Pourquoi ce couteau? Les mémoires du temps ne l'expliquent pas, et on le promena ainsi en grande pompe à travers Paris. Puis au lieu de le brûler, selon la coutume, dans la rue aux Ours, il fut résolu d'un accord unanime que l'auto-da-fé aurait lieu dans la rue Plâtrière, devant la maison même de l'auteur du *Contrat social*.

Donc, lorsque Jean-Jacques Rousseau mit la tête à la croisée, il se vit brûlé en effigie par le peuple parisien.

— Jean-Jacques! A bas Jean-Jacques!

Telle fut la huée assourdissante, quand on l'eut vu apparaître.

Le contentement du peuple à ses hurlements particuliers.

Un homme, plus exalté encore que les autres, saisit le mannequin, malgré les tourbillons de feu qui le dévoraient, et, montant sur la borne d'en face, il le montra au philosophe, en l'élevant à trois reprises. Après quoi il le rejeta embrasé dans le foyer sifflant, où il suscita une furieuse explosion d'étincelles qui illuminèrent la rue et se répandirent ensuite toutes dans le même sens comme un vent pailleté d'or.

Rousseau demeurait frappé de stupeur, lorsqu'une pierre, lancée par une main inhabile, rebondit sur l'appui de sa fenêtre...

— Rousseau! qu'est-ce que c'est donc que ce bruit que j'entends? demanda de la chambre voisine une voix qui était celle de Thérèse.

Rousseau ne répondait pas. Il tremblait convulsivement, et s'appuyait au dossier d'une chaise rencontrée.

Il disait, les dents serrées :

— Oh! le peuple !

Car le peuple criait toujours :

— A bas Jean-Jacques.

— Haï, haï partout ! répétait sourdement l'homme de Genève ; partout la malédiction et l'outrage. O l'énigme désespérante ! Voilà comme ils comprennent ma vie et mes œuvres.

Peuple stupide, mais regarde-moi donc mieux ; je suis peuple comme toi, pauvre comme toi, je suis un des tiens, et tu te frappes en me frappant.

Ah ! misère ! folie ! à quoi m'aura servi de loger dans les mansardes, de fuir les grands, de renoncer aux joies du luxe, de briser mes amours sous les pieds, de me faire noir, sauvage, lamentable, laborieux, si maintenant les hommes du peuple s'en viennent à moi et me battent, parce que je suis semblable à eux!

Vous avez raison, M. de Voltaire : donner sa vie au peuple, c'est insensé, c'est inutile.

Il vous adore, vous, parce que vous êtes riche, et que vous êtes gentilhomme; il vous aime, parce que vous le dépravez ; il vous crie bravo, parce que vous avez chaque jour de nouveaux cadenas pour ses chaînes.

Le peuple s'amuse à vous voir bien vivre; votre faste le réjouit, lorsque ma pauvreté l'irrite.

Ah! je n'ai pas fait la pucelle, moi!

— Jean-Jacques! à bas Jean-Jacques.

— Oui, criez et raillez! criez haro sur l'imbécile et sur le fou.

Vengeances du ciel! dire que le bonheur m'eût été facile comme à tout autre, et que j'ai eu mes belles journées frissonnantes de passion, à l'ombre des grands arbres!

Dire que mes pieds ont trempé dans l'eau, que de frais sourires de jeunes filles ont glissé sur moi, et que j'ai senti plusieurs fois mon cœur se fondre dans leurs yeux bleus !

Ah ! le hibou ! le pauvre homme chagrin que je fais maintenant ! Tête d'incrédule ! âme gémissante, jeunesse dont il ne reste plus rien, mais rien ! Ne vois-tu pas que tu inquiètes et que tu ennuies la société en passant au milieu d'elle comme un souci fatal ? Retire-toi de ces hommes, annonciateur qu'on redoute, ou referme tes mains pleines de vérités

— Jean-Jacques! A bas Jean-Jacques!

Thérèse, de son lit, s'inquiétait cependant.

— Il me semble qu'on t'appelle dans la rue, Rousseau; cette fois, j'entends bien.

— Dors, pauvre femme! répondit-il, ce sont des gens ivres qui passent.

— Rousseau, je te dis que c'est toi qu'on appelle, répétait-elle toujours.

— Dors, Thérèse.

Il s'approcha de la croisée et en saisit les deux battants pour les clore.

Mais il les lâcha aussitôt.

Une deuxième pierre venait d'entrer dans une vitre et de la casser...

Le philosophe rugit.

Et, comme un lion blessé, il alla se tapir dans un coin de la chambre.

— Eh bien, gronda-t-il sourdement, haine pour haine! morsure pour morsure! Ils le veulent! ils le veulent! Malédiction funeste, retombe sur leurs têtes! Colères par le pauvre envoyées, soyez renvoyées sur le pauvre!

Rebondissez sur leur front, pierres brutales! Ces hommes, je les maudis.

Il frémissait de partout.

Soudain il eut un rire violant qui lui sangla la gorge.

— Ah! vos pierres ont raison, elles frappent juste, mais elles ne me tueront pas ni moi ni mes livres!

Essayez d'arracher mes idées de votre mémoire, je vous en défie; elles sont les vôtres maintenant, vous les porterez avec vous, et ce serait en vain que vous tenteriez d'en secouer l'influence.

J'ai fait mon œuvre dans votre pays; chacun de mes pas a fait gémir votre sol, si bien qu'il en retentira encore lorsque je ne serai plus.

Allez toujours ! Le citoyen de Genève vous a fait votre chemin, il faut que vous y passiez.

Large courant d'hommes, vos mur-

mures et vos récriminations ne retarderont pas d'une seconde votre course bouillonnante, et sans écluse désormais ! Vainement vous vous retournerez vers moi. Roulez d'abîmes en abîmes, cataractes populaires !

Son doigt sec et fermé s'allongeait dans l'ombre.

— Va ! il est trop tard pour me tuer maintenant, trop tard, m'entends-tu bien ? Tu portes ma vengeance avec toi.

Tu commences par des pierres, tu finiras par des boulets. Et puis après les boulets, autre chose, si c'est possible. Masses terribles ! je vous ai pétries avec mon encre, et vous dépassez mes espérances.

Alors il marcha résolûment à la fenêtre cette fois, et il la ferma.

Cependant, à l'aspect, de tous ces cous tendus vers lui, cous d'hommes, cous de femmes, cous de vieillards, cous d'enfants, il lui vint une pensée affreuse, si affreuse qu'il détourna les yeux, épouvanté lui-même !...

Puis il se retira.

— Rousseau ! disait la voix dolente de Thérèse Levasseur.

— C'est vrai ; pauvre Thérèse, je l'avais oubliée !

Il alla à elle.

Le moment de la crise était proche. Elle roidissait ses bras, et des larmes nerveuses mouillaient ses joues ; ce qui l'empêcha de remarquer le visage bouleversé et pâle du philosophe.

— Rousseau, disait-elle, par pitié, une sage-femme ! un médecin !...

— Attends, j'y cours, dit-il effrayé réellement...

— Rousseau... je me meurs !...

— Une minute seulement !

Et il s'élança dans l'escalier, sans canne et sans chapeau.

La rue Plâtrière était redevenue déserte.

Il marcha dans la cendre.

CHAPITRE TROISIEME.

I.J.

Dans la rue Plâtrière, à la même heure, une scène à peu près pareille se passait au fond d'un magnifique hôtel, faisant presque face à la pauvre maison de Jean-Jacques.

Pendant que Thérèse se tordait sur son affreux grabat, mademoiselle Clarendon, ou plutôt la Clarendon, une des coryphées célèbres de l'Académie royale de musique, allait, elle aussi, devenir mère au bénéfice de M. le duc de Noyal-Treffléan.

Étendue avec grâce sur un lit en étoffe de pékin jonquille, la Clarendon laissait pendre hors des draps un petit poignet blanc qui sortait d'un lit de dentelles, et dont un grave personnage en perruque à la Tronchin interrogeait de temps à autre les battements.

C'était une fort jolie personne que la Clarendon, un abrégé des merveilles des cieux, comme auraient dit les poëtes confiseurs du siècle. Elle avait poussé toute seule dans les bosquets de l'Opéra. Un soir, M. le duc de Noyal-Treffléan, qui passait par hasard, l'avait cueillie. Voilà son histoire.

Elle était très à la mode, partout ailleurs qu'au théâtre, où elle ne dansait que trois ou quatre fois l'an, au fêtes carillonnées.

De talent, elle n'en avait pas l'ombre. En revanche, son phaéton était le plus riche de Paris, ses chevaux étaient les plus coquettement pomponnés ; elle avait même un coureur qui courait en arrière, comme celui du duc d'Aiguillon.

On soupait plusieurs fois la semaine chez la Clarendon. Elle réunissait ses bonnes amies des coulisses, des abbés, des militaires, des fermiers généraux, bêtes comme des oies, et puis des artistes, des peintres, des écrivains, qui venaient chez elle manger pour deux jours.

A force de s'entendre dire par tous ces gloutons qu'elle avait de l'esprit, la danse use finit par le croire. Deux ou trois sottises originales, qu'elle avait laissées tomber de ses lèvres, furent ramassées et érigées en bons mots.

Mais son véritable esprit était dans ses yeux, deux filous d'amour, selon l'expression de Marivaux ; dans son sourire qu'on eût dit découpé dans une feuille de rose ; dans sa voix qui était une musique. Son esprit était surtout dans la bourse de M. le duc de Noyal-Treffléan.

Quand à son cœur, le cœur de la Clarendon ! les renseignements nous manquent de la manière la plus absolue. Nous sommes porté à croire que c'était le plus joli petit caillou du monde.

Quelques mauvaises langues disaient que son père était mort de pauvreté dans un taudis de la rue Traînée, avoisinant l'église Saint-Eustache. Il est donc permis de supposer que mademoiselle Clarendon, ainsi que la plupart des danseuses, avait le cœur descendu dans les jambes.

Avouons aussi que ce diable de cœur est une chose bien gênante, bien insupportable et bien triste. Le cœur! mais s'il fallait l'écouter toujours, on ferait de belles folies. Parlez-nous plutôt de la tête, voilà une bonne conseillère! La tête aime le vin, les perles, la soie qui craque, les bougies éveillées, le propos galant et toute cette honte saupoudrée avec de la poudre d'or. Le cœur gronde, la tête chante. Fi du grondeur!

Cette insolente fille continuait la tradition éternelle de Pandore après l'ouverture de la boîte. Mauvais génie au front brillant de jeunesse, elle traversait le monde en faisant éclore sous chacun de ses pas un vice ou un coupable désir. Du coin de la borne où hésitait leur vertu, de jeunes femmes du peuple, pâles de faim, la regardaient passer dans sa robe à la polonaise, avec des diamants aux oreilles, suivie de ses laquais ; et leurs pauvres yeux flambaient d'envie. Ah! malheur aux femmes curieuses qui se penchent sur l'abîme où l'une d'elles vient de choir !

Pourtant elle ne savait pas le mal qu'elle faisait. Il en est ainsi chez toutes celles qui ont perdu la clef de leurs consciences. Arrivées à un certain point de dépravation et de coquetterie, elles ne touchent plus à la société que par les côtés matériels.

Leur pensée s'en va; elles enferment l'horizon dans un boudoir; leur ciel, selon un auteur, c'est le ciel de leur lit. On dirait les habitantes d'un monde à part, intelligent et galonné ; elles n'ont presque plus rien de la femme : ce sont des oiseaux, un bouquet, un article de joaillerie.

La Clarendon occupait, comme nous l'avons dit, un vaste hôtel situé devant la maison du philosophe genévois.

Rien de remarquable dans la façade, si ce n'est un balcon rebroussé avec or gueil et travaillé curieusement par un serrurier de génie.

La porte n'était ni assez large ni assez haute pour donner passage à un carrosse. Cet hôtel portait encore le nom du président Hénault qui l'avait habité au dix-septième siècle.

Toutes les grâces et toutes les ardeurs du luxe étaient réservées pour l'intérieur. Le luxe montait l'escalier, entrait dans les chambres, grimpait aux plafonds, rampait furtivement sur les planchers. Il se faisait or, marbre, velours, porcelaine, bois d'amarante et bois de rose. Il étin-

celait dans les glaces, il souriait dans les
Amours mythologiques peints par Gillot,
il embaumait avec les fleurs dans les vases du Japon.

Le luxe était le maître céans, rien ne se
faisait que *de par le luxe* ; et, dès qu'on
entrait, il semblait entendre comme une
ode au luxe chantée à la fois par les cristaux, la sculpture et les Gobelins !

La pièce où se trouvait alors couchée
la Clarendon avait été décorée par Car-
pentier, l'architecte du roi et de Bouret,
le Sardanapale bourgeois de ce temps.
Les lambris étaient chargés d'arabesques

exécutées sur les dessins du château du Croisy ; les meubles étaient en bois d'aventurine appliqués par Martin. Des transparents de taffetas en couleur amortissaient l'éclat des bougies.

A cette heure de nuit, la danseuse était vraiment séduisante à voir. Sa physionomie doucement alanguie était rehaussée par une petite mouche taillée en forme de croissant, appelée *l'équivoque* et placée à la pointe de l'œil. Elle avait quitté en partie son rouge.

De temps en temps elle poussait quelques faibles cris de douleur.

Le docteur était assis auprès d'elle sur un de ces tabourets désignés, dans le langage précieux de l'époque, sous le nom d'enfants du respect.

Ce docteur dont il importe d'esquisser la physionomie, était l'excellent docteur Palmézeaux, vulgairement appelé dans Paris le médecin des pauvres, grand ennemi de la compagnie de Jésus, détracteur acharné du père de Sacy et fortement imbu des principes philosophiques.

Il avait été à l'école de Boerhaave, et ses lumières méritaient de le classer auprès des Sydenham, des Tronchin et des

Louis. Seulement il avait des idées audacieusement avancées sur l'organisation des corps et sur les expériences auxquelles il est possible de les soumettre.

C'est de lui qu'on tient cette recette pour faire des cyclopes.

« Prenez deux enfants nouveaux-nés, mâle et femelle ; masquez-leur l'œil gauche ; mariez ces deux borgnes artificiels quand ils seront grands ; suivez le même procédé pour les enfants qui naîtront d'eux, et obtenez une dispense du pape pour les marier ensemble ; masquez toujours les yeux gauches, mariez toujours les frères et les sœurs, et au bout de quelques générations, vous aurez le plaisir de voir ses yeux gauches s'oblitérer, disparaître, et l'œil droit se déplacer petit à petit pour venir se fixer au milieu du front... »

A part ses manies expérimentales, le docteur Palmézeaux était le meilleur homme du monde.

Il demandait alors à la Clarendon :

— Souffrez-vous beaucoup ?

— Ah! docteur, répondait-elle, si ma-

taille allait demeurer gâtée !

— Cela n'est pas probable.

— Je crois que j'en mourrais, docteur !

— Bon ! voyez mademoiselle Sophie Arnoult, qui en est à sa troisième grossesse.

— Mais c'est l'excès contraire que vous me citez-là ! Mademoiselle Arnoult est maigre comme les six commandements de l'Eglise. Docteur ?

— Madame ?

— Pensez-vous que ma convalescence dure longtemps ?

— Mais... quinze jours... trois semaines au plus.

— Trois semaines ! La vilaine chose que la maternité, et combien je suis à plaindre !

La Clarendon s'agitait dans ses mousselines ! et découvrait tantôt un tour de gorge en point d'Angleterre, tantôt un bras d'albâtre ou un coin luisant d'épaule.

Une de ces petite chiennes à la mode appelées gredines s'était pelotonnée sur son lit et endormie au milieu de deux ou trois pralines éparpillées.

Dix heures sonnèrent à la pendule.

En se moment un roulement sourd se fit entendre dans la rue.

Une voiture venait de s'arrêter devant la porte de l'hôtel.

C'était un de ces élégants vis-à-vis peint en camaïeu d'un bleu obscur et doublé d'un velours lilas à la reine, brodé en chenilles couleur de rose.

Les moulures étaient en or rembruni de dernier goût, et les peintures des panneaux représentaient les passages les plus galants des Métamorphoses d'Ovide.

Il était traîné par deux chevaux isabelles à crins noirs, nattés en bleu, avec les cocardes de même.

Le cocher, énorme Mecklembourgeois,

avait le plumet, un gros manchon et d'épaisses moustaches ; de plus, il était copieusement ivre, selon l'usage, et sa figure se détachait en cramoisi sous la poudre de sa perruque.

Un heiduque, porteur d'une haute canne, fit retentir le marteau de l'hôtel, pendant que les deux laquais de derrière s'empressaient d'abaisser le marchepied du carrosse.

M. le duc de Noyal-Treffléan descendit pesamment en fredonnant un air de théâtre.

Au bas de l'escalier, il fut instruit de nouveau, par la femme de chambre, de l'état critique où il allait trouver la Clarendon.

— Vraiment? dit-il, moi, père; cela est amusant.

Puis, fouillant aussitôt dans sa large veste, falbalatée à rang double :

— Tiens, Orphise; voilà vingt-cinq louis pour la nouvelle, et je t'en promets autant si j'ai un enfant mâle.

La soubrette empocha.

— Père! répéta le duc avec un sourire gros de mystères.

Lorsqu'un sentiment humain tombait au milieu de cette société d'apparat, parmi ces hommes et ces femmes qui vivaient justement de tout ce qui ne constitue pas la vie des autres, il y produisait l'éclaboussure d'une pierre dans un étang.

La famille, la dévotion, le travail étaient regardés par eux comme le roman de l'existence.

Ils n'admettaient pas qu'il pût leur arriver rien de ce qui arrive communément aux petits bourgeois ; le moindre point de contact leur causait des ébahissements profonds ou des colères à tout briser, comme quand leur carrosse se trouvait arrêté par un embarras de charrettes.

En dehors de ce cinquième élément, la cour, où ils vivaient, soyeux et puérils, avec des frémissements analogues à ceux des poissons rouges dans un bassin, ils ne savaient rien voir ni rien entendre.

Devenir père, comme le premier marchand de la rue Saint-Denis, lorsqu'on est tout absorbé par le sourire de la reine, le pont-neuf en vogue, la dernière sorte de poudre ou les dernières montres de la Fresnaye, c'était pour eux d'un trivial à faire pousser le rouge au front! On comprend alors la sérénité d'âme et toute l'admirable grandeur de caractère qu'il fallut à M. le duc pour ce contenter simplement d'en rire.

Après avoir pressé le bouton de la chambre à coucher de la Clarendon, et salué le docteur d'un geste, il s'assit sur une ottomane, enrichie de crépines d'or et garnie de coussins avec des glands en chaînettes, qui faisait face au lit.

— Bonsoir, déesse, dit-il en rangeant son épée.

La danseuse se souleva pour voir s'il n'y avait pas sur le visage de son protecteur un peu de l'ironie contenue dans ses paroles. Mais, rassurée :

— Déesse à la façon de Sémélé, répondit-elle, quand Jupiter daignait assister à ses couches.

M. le duc de Noyal-Treffléan, qui allait prendre une prise de tabac d'Espagne, demeura émerveillé de cette mythologie d'Opéra.

— Malepeste ! Clarendon, avez-vous marché sur quelque poëte aujourd'hui ?

— Mais à peu près. Je lisais, en vous attendant.

— Quoi donc ?

— Je ne sais, dit-elle en cherchant un petit livre sous son oreiller... ah ! les *matines de Cythère*.

Le duc savoura béatement sa prise.

— Montrez-moi votre tabatière, reprit la Clarendon qui étendit la main ; il me semble apercevoir un nouveau sujet dessus.

— Tudieu ! vous avez la vue bonne.

— Donnez.

— Volontiers.

— Qu'est-ce que cela représente ? dit-elle en examinant le bijou avec attention.

— Ça ? c'est une miniature. L'*Amour qui cloue un papillon à un arbre.* Je gage, friponne, que vous devinez aisément l'allégorie. Il veut fixer une âme volage.

Ici un soupir et un sourire.

— Oui, oui... très-galant... et très-significatif, répondit-elle.

— Bah! tout le monde en porte de semblables.

La danseuse attacha sur lui des yeux qui lançaient l'interrogation.

— Duc?

— Qu'est-ce qu'il y a ?

— Vous êtes à cent lieues de moi ; venez donc plus près. Est-ce que ma maladie vous épouvante ? Cela ne se gagne pas, demandez au docteur.

Le duc de Noyal-Treffléan changea complaisamment de place pour venir se plonger dans une sultane, au pied du lit de mademoiselle Clarendon.

— Ah ! mon Dieu ! s'écria-t-elle dès qu'elle l'eut à portée, mais vous embaumez l'eau de Chypre !

— Est-ce que cela vous incommode, céleste amie ?

— Non. Je vous trouve à ravir de la sorte, avec votre habit de velours ponceau, vos riches dentelles, et surtout le gros diamant qui rayonne à votre doigt...

— C'est l'Aristote, un des plus précieux qui existent dans toute l'Europe.

— Pour peu que cela continue, vous êtes en train de devenir l'arbitre du rafinement.

— Oh ! oh !

— Depuis deux mois, c'est à peine si je vous reconnais.

— C'est que depuis deux mois vous ne m'avez jamais tant regardé qu'aujourd'hui, idole.

— Tenez, duc...

— Mignonne ?

— Parlons franchement.

— Je refuse, répondit le duc.

— Et la raison? demanda-t-elle légèrement surprise.

— C'est que vous n'êtes pas de force.

— Eh bien ! nous allons voir ; je suis piquée au jeu. D'abord, répondez-moi. D'où sortez-vous à présent ?

— De mon carrosse.

— Mais auparavant? fit la Clarendon impatientée.

— De la Comédie italienne, tigresse.

— Ah ! et que donnait-on ce soir à la Comédie italienne ?

— Dame ! ce qu'on a l'habitude d'y donner tous les soirs, une parodie, quelque chose comme Fanfale, je crois, ou bien...

— Il n'importe. Et qui est-ce qui jouait dans cette parodie ?

— Les chanteurs ?

— Non, les chanteuses ?

— Ma foi, autant qu'il m'en souvienne,

mademoiselle Prudhomme, mademoiselle Beaupré, mademoiselle Baptiste, qui a dit si bien l'air: Tu croyais en aimant Colette...

— Et puis?

— Et puis... attendez donc... mademoiselle Mantel... oui, c'est bien la Mantel.

— M. le duc, voulez-vous que je vous dise une chose?

— Dites, lumière de mon âme.

— Vous êtes amoureux de mademoiselle Mantel.

— Allons, donc! fit le duc en tarabustant du bout de sa canne la petite chienne qui s'était réveillée et lui montrait les dents.

— Depuis deux mois, vous lui faites une cour réglée.

— Quelle plaisanterie! Depuis deux mois! Mais il y en aurait assez pour me donner dans toutes les ruelles la réputation d'un Amadis ou d'un Cassandre. Vous n'y songez pas, Clarendon.

— Prenez garde, mon cher duc, je m'y connais, un indice me suffit ; et, s'il faut absolument vous convaincre, eh bien !... vos breloques par exemple...

— Mes breloques ?

— Oui. Croyez-vous que je ne me sois pas aperçu que depuis deux mois vous en aviez changé presque toutes les semaines.

— Qu'est-ce que cela prouve ?

— Oh ! ne faites pas l'ignorant. J'en ais aussi long que vous sur le langage des bagues, des mouches, des fleurs et des rubans. Grâce à cette science, j'ai suivi pas à pas vos progrès dans votre nouvelle passion. Vos breloques m'ont tout raconté. D'abord sitôt que vous vous êtes senti captivé par les charmes de mademoiselle Mantel, vous vous êtes empressé de porter une petite chaîne, des lacs de soie et un oiseau en cage, chantant la perte de sa liberté. Puis quelque temps après, sans doute en marque de votre attachement discret et fidèle, une éternelle, un chien blanc et un Cupidon le doigt sur la bouche et sans ailes. Même une fois, vous affectâtes de ne suspendre qu'une larme d'or; vous voyez que j'observe bien.

Jusque-là, les choses me paraissaient être menées avec assez de lenteur lorsque, il y a huit jours, vous êtes arrivé avec une couronne de roses épanouies, une trompette et deux brins de laurier. Cet emblème triomphal ne sollicitait aucune explication, au contraire ; bien des gens auraient pu le trouver trop explicite et suffisamment vaniteux. Enfin, aujourd'hui, je vous vois porter seulement deux cœurs entrelacés. Ah! pour le coup, M. le duc, convenez-en, vous me forcez les yeux ; et il faudrait être aveugle pour n'avoir pas lu couramment l'histoire de vos amours dans les métamorphoses de vos breloques.

Le duc de Noyal-Treffléan se gratta l'oreille et se prit franchement à rire.

— Clarendon, vous êtes une fille adorable, et jamais je ne vous ai connue plus spirituelle que ce soir.

— Eh bien! c'est flatteur.

— Mais, à mon tour, voulez-vous que je vous dise?

— Voyons.

— Vous ne m'en voudrez pas de ma sagacité?

— Pas plus que vous ne m'en avez voulu de la mienne.

— Ma chère belle, votre jalousie est trop subite pour ne pas cacher une arrière-pensée. Vous avez un projet.

— C'est selon.

— J'en suis sûr. *Votre siége est fait,* comme dit ce bon abbé Vertot.

— Un siége?

— Allons, avouez sincèrement.

— Avouer quoi ?

— Que vous avez une demande à m'adresser.

— Moi, du tout.

— Comme il vous plaira ! fit le duc en croisant ses jambes et regardant au plafond.

— Seulement...

— Hein ?

— Je voulais...

— Qu'est-ce que vous vouliez?

— Je désirais...

— Ah! ah!

— Oh! mon Dieu, causer; pas autre chose.

— Oui, *causer*, c'est ce que j'avais l'intention de dire, cela s'entend; mais causer de quoi?

— De quelqu'un.

— Encore dois-je savoir de qui?

— Eh bien ! de... votre... enfant, par exemple.

Il y avait dans le regard et dans l'accent de la danseuse une inquiétude qui n'était pas jouée.

Sans doute le duc s'en aperçut, car un sourire desserra ses lèvres et il reprit :

— Bon ! cet enfant n'est pas encore né ?

— Non, mais il va naître.

— Eh bien ! alors, nous aurons tout le temps d'en causer à loisir.

— Vous croyez ?

— Assurément.

— Je le ferai nourrir près de moi, dit la Clarendon, dans une campagne voisine, afin de le voir souvent, bien souvent, car c'est mon premier-né, duc ; et quel bonheur j'éprouverai à surveiller ses tendres jours, à épier ses bégayements délicieux, à guider ses pas hésitants ! Comprenez-vous cela et excusez-vous ces transports pour moi si nouveaux ?

Le duc feuilletait les Matines de Cythère.

— Si c'est un fils, continua la Clarendon, je le nommerai Charles, comme vous, mon ami ; et si c'est une fille, Charlotte.

Le duc gardait le silence.

— Ensuite, il faudra faire quelque chose pour son avenir, veiller à ce que son éducation soit achevée et brillante, lui donner enfin un honorable état.

Le duc se taisait toujours.

— Mais vous paraissez m'écouter à peine, dit-elle, et vous ne me répondez point. A quoi songez-vous donc? Est-ce que ces projets ne seraient pas de votre goût?

— Clarendon, répondit le duc avec une certaine lenteur, je vois que vous perdez la mémoire.

La Clarendon tressaillit.

— La mémoire, de quoi? balbutia-t-elle.

— De nos conventions.

— Quelle plaisanterie !

Le duc de Noyal-Trefflan se leva silencieusement et comme avec effort.

Il alla droit au docteur.

— Docteur Palmézeaux, dit-il, rendez-moi le service de tâter le pouls à mademoiselle Clarendon.

Le docteur exécuta cet ordre avec une gravité et un scrupule dignes d'un médecin de Molière.

— Bien, fort bien, ajouta le duc. Maintenant, dites-moi pendant combien de temps mademoiselle peut supporter la contrariété d'une conversation d'affaires.

Le docteur consulta la pendule placée sur la cheminée, puis sa montre à lui; il interrogea une seconde fois le pouls de la malade, et répondit :

— Une demi-heure encore.

Et sur un regard du duc, il s'inclina révérencieusement et sortit.

Resté seul avec la Clarendon, le duc de

Noyale-Treffléan se dirigea vers un panneau de l'appartement ; il poussa un ressort secret et tira d'une cachette un petit coffret noir, orné de précieuses incrustations. qu'il vint déposer sur une console.

Il ouvrit ce coffret, au fond duquel on ne voyait qu'une feuille de Parchemin pliée en quatre.

Cette feuille de parchemin, il la prit délicatement entre ses doigts, et après l'avoir dépliée, il revint s'asseoir dans la sultane où il se trouvait tout à l'heure, auprès du lit de la Clarendon.

Celle-ci l'avait regardé faire, en se mordant les lèvres, de l'air de quelqu'un qui se souvient trop tard.

Mais lui, sans vouloir remarquer son embarras, il éleva le papier, et le balançant entre l'index et le pouce :

— Connaissez-vous ceci, chère belle? demanda-t-il.

— Attendez donc... joua la danseuse.

—Cherchez bien.

— N'est-ce pas cette folie dont nous nous amusâmes tellement l'année dernière, cet engagement que vous m'obligeâtes à signer ?

— Je crois que oui.

— Eh bien ! dit-elle avec une gaieté apparente, qu'est-ce que vous voulez faire de ce chiffon ?

— La, la, parlons plus sérieusement d'un acte en bonne forme, signé, parafé et enregistré par tous les hommes noirs de la chicane.

— En vérité ?

— Voyez plutôt ces gros pâtés d'encre et ces zigzags de procureur, dit le duc en avançant le parchemin sans le lâcher. Mais, comment se fait-il que vous ayez sitôt perdu la mémoire ?

— Je ne sais pas, dit la danseuse.

— Vous plaît-il, dans ce cas, fraîche Hébé, que je vous en rappelle les clauses les plus importantes ?

— Comme vous voudrez, répondit la

fraîche Hébé, non sans un grain d'humeur.

Le duc de Noyal-Treffléan s'arrangea au fond de son fauteuil et entama la lecture de cette pièce originale qui n'est pas sans exemple parmi les annales de la galanterie, au dix-huitième siècle :

— « Par devant, etc., etc., il a été formé une société, d'une part entre M· le duc de Noyal-Treffléan, seigneur de.. Je passe les titres, dit-il, et mademoiselle Hélène Clou, dite la Clarendon, coryphée au théâtre royal... »

— C'est bon, c'est bon, passez les titres, interrompit-elle.

— « Cette association a pour but l'agrément mutuel des parties contractantes ; elle est fondée sur l'immoralité et le plaisir, dans la limite des articles ci-dessous énoncés :

Art. 1ᵉʳ. M. le duc de Noyal-Trefliéan s'engage envers la demoiselle Clarendon à lui acheter un hôtel dans Paris, meublé comme celui de mademoiselle Eryphile ; avec une toilette en argent du célèbre orfèvre Germain.

Art. 2. Plus, une folie sur les bords de la Seine, à Meudon, Vaucresson ou Belvue.

Article 3. A lui faire obtenir de Francœur trois pas seuls, chaque année, dans les divertissements de l'Opéra.

Art 4. M. le duc tâchera de paraître jaloux au moins deux fois par mois, en présence de témoins.

Art. 5. De son côté, la demoiselle Clarendon consent à se vêtir quatre fois par an en bourgeoise ou en grisette, pour aller en partie de cabaret aux Porcherons, avec M. le duc, déguiser en maltôtier.

Art. 6. A essayer d'apprendre l'orthographe et la grammaire.

Art. 7. A ne changer d'équipage que tous les trois mois.

Art. 8. A se procurer dans le plus bref délai tous les vices charmants de son sexe, ainsi que les défauts qui pourraient lui manquer.

Art 9. A n'avoir...

La Clarendon laissa échapper un mouvement d'impatience.

— Mon Dieu ! monsieur, dit-elle, sautez par-dessus quelques articles, et arrivez à ceux qui sont les plus essentiels.

— Soit. Art. 10... artr... 12... art. 13... Ce n'est pas cela.

— Y êtes-vous ?

— Art. 16. La durée de l'association n'est pas limitée ; il suffit de la volonté d'une des deux parties contractantes pour la dissoudre entièrement.

— Ce n'est pas encore cela.

— Art 17. La raison sociale est Noyal-Clarendon...

— Plus loin, sans doute.

— Ah! m'y voici.

— Eh bien ?

— Art. 20. C'est l'article 20, articula le duc avec une lenteur malicieuse.

— Oui, oui, mais voyons...

— Art. 20. Au cas où la demoiselle Clarendon viendrait à être mère, l'enfant né d'elle appartiendrait à M. le duc de Noyal-Treffléan, qui demeurerait libre d'en disposer comme il lui conviendrait.

— Est-ce tout, demanda la danseuse ?

— C'est tout, répondit le duc.

— Eh bien !

— Eh bien ! n'avais-je pas motif, douce amie, à dire tout à l'heure que vous aviez perdu la mémoire ?

— Mais non, je vous jure.

— Comment cela ?

— Je proteste que nous nous entendons à ravir. Disposez de mon enfant, selon qu'il vous plaira. Je n'y mets point obstacle.

— A la bonne heure.

— Seulement, permettez-moi de vous demander ce que vous voulez en faire ?

— Ah ! pour cela, c'est mon secret.

— Prenez garde, cher duc, le traité ne me défend pas les interrogations.

— Soit ; mais il ne m'ordonne pas les réponses.

La danseuse était battue, elle le sentit ; car sa voix et son regard, d'attentifs et de spirituels qu'ils étaient, commencèrent à devenir suppliants.

— Au moins, un renseignment, un mot ! demanda-t-elle.

— Rien, prononça le duc.

Le silence qui se fit dans cette chambre trois minutes couva une résolution bizarre chez la Clarendon. Elle eut un mouvement du cœur, le premier de sa vie. L'être qui palpitait dans ses entrailles lui fit ressouvenir qu'elle était femme.

— Ma foi, M. le duc, dit-elle avec un sourire qui n'était déjà plus celui de la courtisane, vous allez vous moquer de moi, je le sais. Je ne vous ai guère habitué jusqu'à ce jour à des sensibilités, et moi-même je m'étonne du caprice qui me prend. Mais enfin, cela m'amuse de céder à la nature, une fois par hasard. Cet enfant n'est pas né, donc il est encore à moi ; eh bien ! je romps notre engagement...

Cette fois, ce fut au tour du duc de se mordre les lèvres et d'être désappointé. L'étonnement imprévu qui se peignait sur son visage témoignait de sa perversité profonde.

— Allons donc ! ma belle, est-ce sérieux ce que vous me dites-là ?

— Très-sérieux. Je veux voir, je veux savoir, je veux connaître. Peut-être y a-t-il dans la maternité un monde de délices supérieure. Enfin, c'est ma fantaisie.

— Mais vous n'y songez pas, Clarendon?

— Si fait, M. le duc, et c'est moi qui ne vous comprends plus. Croyez-vous avoir le privilége de la singularité. Ne suis-je pas votre élève? Je veux voler de mes propres ailes maintenant, et être seule à créer mes sensations.

— Ainsi donc?... fit le duc inquiet.

— Ainsi donc, répartit la danseuse,

vous êtes libre d'anéantir ce contrat.

— A votre aise, ma charmante.

Et sur le champ il approcha le parchemin d'un flambeau de cire.

Mais auparavant il se retourna encore.

— Eh bien ? murmura-t-il

— Brûlez...

Le duc de Noyal-Treffléan hésita. A la fin, il remit le papier dans sa poche.

Au fond, la Clarendon n'en fut pas fâchée.

Il fit silencieusement trois ou quatre tours dans la chambre, pendant lesquels il roula des projets. La résistance de cette fille l'intéressait, à l'égard d'un problème qu'il se serait mis en tête de résoudre.

Au quatrième tour, il s'arrêta devant le lit. Sa figure rayonnait d'une idée mauvaise. Il s'était composé un sourire avec les sourires combinés de Mazarin, de Dubois et de tous les Richelieu.

— Allons, murmura-t-il, je vois qu'il

faut recourir aux grands moyens.

Et, après une pincée de tabac lestement humée :

— Clarendon, dit-il, je vous achète votre enfant.

La danseuse était habituée à bien des choses de la part du duc de Noyal-Treffléan ; mais elle ne s'attendait pas à celle-là. Pour lui, elle en rougit presque.

— Voyons, combien ? dit-il.

— Mais, M. le duc... balbutia-t-elle en

sentant toutes ces idées confondues.

— Oh! ne marchandons pas, c'est inutile; je suis résolu à en passer par ce que vous voudrez... Tenez, dix mille livres!

— M. le duc, à votre tour, ce que vous dites là est-ce sérieux?

— Rien de plus sérieux! Dix mille livres votre enfant, voulez vous?

— Mais un pareil moyen est odieux, continua-t-elle.

— Parbleu! quel charme y trouverais-je, s'il était innocent?

— Cependant...

— Oh! mon adorable, finissons. La demi-heure du docteur est près d'expirer, dit-il en regardant la pendule; voyons, vingt mille livres, cela vous va-t-il?

La Clarendon passa la main sur ses yeux:

— Duc, laissez-moi, je souffre.

— Trente mille alors!

— Duc, rappelez le docteur, je vous en prie.

— Quarante !

— Votre voix me fait mal... Je vous dis que je ne veux pas... laissez...

— Cinquante, cinquante mille livres ! dit-il en se penchant avidement sur elle.

Un silence.

La danseuse se tordait, ébranlée à demi.

— Ah ! vous tenteriez les saints, cria-t-elle; non, non, non, je ne serai pas une mauvaise mère. O mon enfant, entends-tu? cinquante mille livres, tes caresses, ton regard, le sourire que j'ai tant désiré, cinquante mille livres tout cela! cinquante mille livres, ce mot que tu prononceras un jour: Ma mère!

— Non, non, je ne veux pas.

Mais lui, le duc, poursuivait toujours son implacable enchère.

— Six mille pistoles!

— Non! non! non!

— Huit mille !

— Non !

— Cent mille livres !

Pas de réponse. Un horrible combat avait lieu dans le cœur de la Clarendon.

Et puis, les douleurs de l'enfantement commençaient à se faire sentir impérieuses.

Le duc, à son oreille, répétait :

— Combien ?

— Ah ! mon enfant, tu me maudiras !

— Combien ? criait le duc.

— Eh bien... eh bien... dit la courtisane en se soulevant dans un suprême effort, deux cent mille livres !

Elle retomba en proie aux convulsions de la crise.

Le duc de Noyal-Treffléan eut un mouvement d'horreur, il agita précipitamment une sonnette.

Le docteur apparut.

CHAPITRE QUATRIÈME

IV.

Le fils de J.-J. Rousseau. (*Suite.*)

Le spectacle le plus sublime qu'un homme puisse voir est peut-être celui des premières caresses qu'une mère donne à son nouveau-né. Abattus par la souffrance, les traits de la femme se revêtent alors de splendeur. C'est plus que du bonheur, et ce n'est pas tout-à-fait de la joie, surtout en ce moment d'immobilité suave où le regard de la mère, se glissant, curieux et divin, prend l'empreinte du visage de son enfant pour se l'appliquer au cœur.

Thérèse Levasseur tenait son fils dans ses bras ; elle attachait son regard languide sur cette ébauche humaine qui, enveloppée de langes misérables, semblait ne pas vouloir ouvrir les yeux, afin de ne pas voir la vie. Ses deux petits poings fermés apparaissaient hors du maillot.

Auprès d'elle se tenait le médecin que Rousseau était allé quérir et qui se trouvait être précisément le docteur Palmézeaux. Le philosophe l'avait rencontré comme il sortait de l'hôtel de la Clarendon, et, après s'être nommé à lui, il l'avait prié de venir donner ses soins à une pauvre femme qui demeurait là tout proche.

Le docteur l'avait suivi, la tête découverte.

— Enfin, disait-il maintenant à Thérèse en se voûtant de manière à former avec sa canne un arc irréprochable, quels noms donnerez-vous à ce jeune garçon? Ceux de son père, évidemment. Eh bien! promettez-moi en outre de le nommer Erasme.

C'était le prénom du docteur.

Thérèse hocha la tête.

— Il n'aura pas besoin de noms, répondit-elle, triste.

— Vous voilà retombée dans vos appréhensions mauvaises. Vous ne croyez donc pas à la science? Cet enfant est heureusement constitué; tout fait présumer qu'il vivra pour porter le nom glorieux de son père, auquel j'aurai ajouté tois syllabes, moi, le plus humble admirateur du fameux philosophe.

— Il ira où les autres sont allés.

— Que vous avez d'étranges visions ! Parce que la mort s'est déjà abattue sur les précédents, croyez-vous qu'elle soit continuellement aux aguets ?

Pendant quelques minutes, Thérèse demeura muette.

Les paroles du docteur avait réveillé chez elles de lugubres souvenirs.

Elle serrait son nouveau-né contre son sein avec plus de tendresse.

Il y avait à la fois de la terreur et de l'amour dans sa physionomie.

— Docteur, dit-elle enfin, ce n'est pas la mort qui m'a enlevé mes autres enfants.

La canne du médecin faillit rouler sur le plancher.

— Ce n'est pas la mort? Mais alors.....

— C'est Rousseau qui me les a pris.

— Quoi ! votre auguste époux ?

— Oui, docteur.

— Et qu'en a-t-il fait ?

— Hélas ! demandez aux sœurs de l'Hôtel-Dieu.

Le médecin se redressa en passant la main sur son front.

— O majestueux philosophe ! s'écria-t-il dans un transport d'enthousiasme ;

c'est superbe ! Tu élèves tes enfants dans la médiocrité, afin qu'ils deviennent des hommes intègres, de vertueux citoyens. Tu redoutes pour eux le contact d'une société corrompue. Magnifique leçon donnée à tous les pères ! Sublimité de l'exemple ! O mon maître ! je voudrais que demain il me naquît un fils, afin de pouvoir imiter ta sagesse !

— Vous trouvez cela beau, vous ?

— Mais je suis trop vieux pour avoir un fils, continua le docteur en levant vers le ciel un regard de reproche.

— En vous confiant ce secret, reprit

Thérèse, j'espérais vous voir compatir à mes anxiétés ; je croyais trouver en vous une âme de brave homme et non un cœur de philosophe.

— Pauvre femme ! c'est-à-dire que vous ne me supposiez point si grand, n'est-il pas vrai ? Vous m'assimiliez aux bourgeois et aux laboureurs ; vous me prêtiez la faiblesse morale de ces gens qui aiment leurs enfants à l'égal de leurs sacs d'écus.

— J'allais vous prier de soustraire cette malheureuse créature au sort qui lui est réservé. Cela vous eût été si facile ! Nous n'aviez qu'à l'emporter dans vos bras chez quelque bonne femme qui lui aurait servi de mère jusqu'à ce que j'aie la force de me lever seulement.

— Votre intention eût donc été de vous opposer aux volontés du célèbre Rousseau ?

Thérèse roidit le bras par un geste menaçant.

— Et mon intention n'a pas changé, dit-elle en grossissant sa voix; si Jacques vient essayer de me voler mon enfant, je lui plante mes ongles dans les yeux. Il ne pourra pas cette fois profiter lâchement de mon sommeil, car je ne dormirai pas!

Le médecin prit le bras de Thérèse, et, lui tâtant le pouls :

— Avant deux heures, dit-il froidement, vous dormirez.

— Et si je ne veux pas?

— La nature ne tient pas compte des fantaisies de la raison.

— Je me tiendrai debout auprès de mon lit, pour ne pas succomber au sommeil.

— Vous tomberez évanouie quelques instants après.

— Ah ! votre cruauté me révolte !

— Dites ma science, et non ma cruauté.

— Alors, selon vous, je ne pourrai pas empêcher qu'on ne me prenne ce pauvre petit ?

— Non.

— Cependant si vous veniez à mon secours ?

— Je m'en garderais bien !

— Je vous promets de l'appeler Erasme, dit Thérèse d'une voix que l'inquiétude fêlait.

— Il n'a pas besoin de nom, comme vous avez dit.

— Mais vous y teniez, M. le docteur, car il n'y a qu'un moment...

— J'ai pu vous dire beaucoup de choses quand j'ignorais la grave expérience que Rousseau tente sur sa progéniture.

— Ce n'est pas une expérience qu'il fait.

— C'est un essai d'éducation ?

— Allons donc ! je vous dis que Rousseau noierait ses enfants, si ce n'était défendu !

— Comment ? vous croyez qu'il aurait cet étonnant courage ?

Thérèse, pétrifiée, jeta un regard d'épouvante sur le médecin.

— J'en suis sûre, dit-elle.

— C'est un bien grand homme, s'écria-t-il.

— Vous me donnez froid dans le dos avec des mots pareils.

— Hélas ! il en sera toujours de même. La philosophie refroidit ceux qu'elle ne réchauffe pas. Adieu, madame. Rendez grâce au destin qui vous a faite l'épouse d'un homme si admirable !

Le médecin s'en alla en faisant sonner sa canne tout le long des marches de l'escalier.

— C'est égal, dit-il lorsqu'il fut dans la rue : je veux absolument savoir si cela est vrai ou faux...

Demeurée seule, Thérèse Levasseur avait fait de ses bras une espèce de hamac où reposait son enfant. Par la fatigue de cette position, elle espérait vaincre le sommeil déjà rôdant auprès de ses paupières. A de courts intervalles, elle promenait autour d'elle un regard enchevrêté. Insensiblement ses yeux se fermaient.

Tout était silencieux dans la maison du philosophe. Le vent seul battait un volet mal fermé ou versait sa plainte aux ténèbres des corridors. La chandelle qui éclairait la chambre de Thérèse lançait des lueurs fumeuses qui luttaient avec l'ombre sans cesse envahissante. Au milieu de ces ondes rougeâtres, la pauvre femme se débattait contre la pénible torpeur que laisse après lui le travail de l'enfantement. Elle se releva sur son séant.

— Je n'y peux pas tenir, cria-t-elle ; le sommeil me frappe sur le front à coups de marteau. Si je succombe, Rousseau viendra. Comment résister à ces tourbillons perfides qui m'entraînent?... Ah! j'ai là un élixir de force... Oui, je me rappelle.... je l'avais caché pour l'avoir sous la main à l'occasion.

Mais l'enfant de Thérèse se prit à geindre ; elle lui donna le sein, ce qui apaisa immédiatement sa clameur. Alors coulant les doigts sous un coin du lit, elle en retira une bouteille noire, trapue, et sur le ventre de laquelle on lisait : Curaçao de Hollande, maison Collas et Périneux, AU VAISSEAU D'ARGENT.

— Chacun son goût ! prononça-t-elle en collant ses lèvres au goulot.

C'était en effet la passion favorite de Thérèse Levasseur, qui la poussait à l'extrême. Elle buvait comme un Cent-Suisse, et c'est ce qui la fit chasser plus tard de chez M. de Girardin. Si le mari ne buvait pas assez, la femme buvait trop. Ainsi ce mélange monstrueux devait être, dans toutes les habitudes de la vie, en perpétuelle contradiction.

— Encore, oui, encore ! murmurait-elle en mesurant chaque gorgée à travers la bouteille qu'elle présentait à la lumière ; il faut en boire beaucoup pour oser le braver. Mais ce curaçao n'est pas assez fort, je l'achèterai ailleurs désormais. Ah! comme le courage est lent à venir... Encore !

A cette heure donc, elle aspirait la

liqueur avec l'avidité que dut mettre Agar à se désaltérer dans le déser. Elle buvait, lorsque tout à coup une silhouette lente se découpa sur le mur.

Thérèse tressaillit.

Elle saisit la bouteille d'une main, son enfant de l'autre.

Jean-Jacques venait à elle.

Il s'arrêta à la place occupée auparavant par le médecin. Quand il se fut planté sur ses jambes, comme une statue qui cherche son équilibre, il se croisa les bras et posa son menton sur un de ses poings.

Puis il dit :

— Je vous avais défendu de boire des liqueurs.

— J'en ai bu à peine, murmura Thérèse.

— Vous n'avez donc pas songé que dans l'état où vous êtes, cette imprudence peut vous tuer.

— J'ai songé qu'il me fallait de la force

pour veiller sur mon enfant. J'ai oublié le reste.

La brûlante boisson n'avait pas seulement réchauffé l'estomac de Thérèse, mais encore ses pommettes s'étaient soudainement colorées d'un vermillon fiévreux et fébrilleux. Sa voix, remplie de rocaille, eût charmé l'oreille de Vadé.

— Que le sort de cet enfant ne vous inquiète point, dit Jean-Jacques ; j'y ai pourvu.

— Oui ; comme vous avez pourvu au sort des autres, n'est-ce pas?

— Aucun n'a souffert, je pense.

— Aucun ne m'appelle sa mère.

Il haussa les épaules.

— Sa mère ! la belle avance ! Est-ce que je m'inquiète, moi, de ce qu'il n'y ait personne au monde qui m'appelle son père ?

— Vous, Rousseau, vous n'avez pas de cœur.

— J'en ai eu trop, autrefois. Maintenant, j'ai de la raison, ce qui vaut mieux ; et c'est au nom de la raison que je vous dis : Thérèse, donnez-moi cet enfant.

— Non !

Elle but.

— Thérèse, nous sommes pauvres, vous le savez. Que ferions-nous de ce petit être ? Il serait malheureux chez nous et ne saurait apprendre à nous bénir. Prenez donc la vie par la réalité. Et puis il nous coûterait trop cher...

— Quand même il devrait me coûter les yeux de la tête, je le garde !

Elle but.

— Vous ne devriez pas vous permettre d'avoir une autre pensée que la mienne, Thérèse.

— Je vous laisse à vos livres, laissez-moi à mon fils. Pourquoi vous occuper de son sort? Ne pouvez-vous, une fois, confier ce soin à ma tendresse maternelle?

— J'ai de grands motifs, dit le philosophe.

— Au moins, expliquez-les-moi.

— Vous ne les comprendriez pas, Thérèse.

— Alors, retire-toi, démon !

L'ivresse a ses résultats plus ou moins prompts, suivant la force et la disposition du cerveau qu'elle frappe. Thérèse Levasseur, déjà considérablement affaiblie par sa délivrance, éprouva une congestion subite qui, après avoir un intant quintuplé sa puissance morale, devait bientôt l'anéantir. Elle avait bu par réflexion, elle but par vertige. Alors tout se peignit à ses yeux d'un aspect insensé et et fantasque autour d'elle. La ronde de l'ivresse commença.

Les moindres ombres lui paraissaient des êtres animés qui allongeaient et retiraient tour à tour leurs bras comme s'ils eussent médité de lui prendre son enfant. Elle entendait des craquements dans le plancher, des bruits étouffés au fonds de la commode. Peureuse, elle se dressait, frottant ses yeux hagards. Quand elle vit l'effet que lui produisait le curaçao, elle fut épouvantée comme une baigneuse qui se sentirait emportée par la mer. Mais l'ivresse a cela d'inévitable que ses premiers nuages appellent la empête; Thérèse continua de boire.

A la fin, Jean-Jacques, qui la regardait

en silence et sombrement, se leva.

— Ah! le lâche et le voleur! s'écriait-elle dans sa double fièvre; comme il tourne autour de mon lit et avec qu'elle impatience il attend mon sommeil! Mais je ne m'endormirai pas, non, non non. Entends-tu bien? Oh! je connais depuis longtemps ton méchant regard de traître; maintenant, il ne m'effraye plus, c'est fini, je suis accoutumée. Voleur! voleur!

Il frappa du pied et dit brièvement :

— Thérèse ?

Puis, haussant les épaules et essayant d'une voix plus souple :

— Allons, Thérèse, de l'obéissance!

Elle se leva à demi, électriquement, et ce soubresaut eût pu lui rompre les reins.

Elle le regarda en silence.

Une idée lui était venue.

— Rousseau, prends garde; j'ai toujours été pour toi une bonne ménagère, je t'ai suivie partout; tes extravagances et tes caprices, je les ai subis les yeux fermés. Rousseau, prends garde ; je peux te rendre la vie dure. Oh! ne hoche pas la tête, je connais tes secrets aussi bien que toi, tu fait semblant de l'ignorer, mais je ne suis pas tout à fait la brute que l'on croit. Là où les autres admirent, je ris de pitié, car je sais les dessous de ton âme ; et moi aussi je peux écrire mes confessions. Il ne manque pas d'écrivains publics dans Paris ; au besoin, j'irais trouver M. de Voltaire, et je lui dicterais. Bon ! bon ! fais semblant de n'avoir pas peur ; je te dis que tu trembles de tous tes membres. Ainsi, essaye de me voler mon enfant, et tu verras. Dieu merci ! ce n'est pas la vengeance qui a jamais embarrassé une femme ; ah bien ! oui. Douze philosophes comme toi auraient beau jeu entre mes ongles. Rousseau, je te le répète (et, disant ces mots, elle faisait entrer vraiment l'effroi dans son âme), Rousseau, je déchirerai tes papiers, je volerai tes manuscrits, je mettrai le feu à tes idées, à tes projets, à ta réputation, à ta gloire. Je te trahirai vivant, vivant je te livrerai sans défense à tes ennemis. Prends garde !

Elle étendit les mains et les joignit par dessus le corps de son fils.

— Rousseau, dit-elle avec un accent qui s'égarait de plus en plus; mon bon Rousseau, écoute-moi! Tu te trompes, vois-tu... un enfant, c'est bien plus drôle que tu ne penses; et puisque tu aimes les chats, je ne comprends pas que tu détestes les enfants... un enfant c'est tout comme. Ecoute-moi donc. Tu crains peut-être qu'il ne crie trop; c'est vrai que c'est ennuyeux! Mais il ne criera pas, ce pauvre chéri; oh! non, il a l'air si chétif... regarde... on voit bien que nous ne sommes plus de la première jeunesse. Tiens! il ne vivra pas longtemps, je vois ça, ajouta t-elle avec une horrible affectation d'insouciance; tu peux me le laisser, sans crainte, nous en serons bientôt débarrassés.

— Folie! folie! répétait sourdement Rousseau.

— Tu ris, n'est-ce pas? ce que je te dis te fait rire. Dame! que veux-tu? je me fais vieille, moi, et je sens une énorme envie de tendresse. A quoi bon me disputer ce dernier bonheur? Tu n'en entendras jamais parler, Rousseau, je le cacherai soigneusement, personne ne se doutera qu'il existe. Bien sûr.

Elle pleurait chaudement.

Puis, embrassant et secouant son enfant :

— Ah ! si tu pouvais parler, cela l'attendrirait peut-être ! si tu pouvais seulement ouvrir les yeux, petit ange ! Honte du cœur, un père !...

Rousseau ne bougeait pas.

Thérèse eut un éblouissement.

Les deux pleurs de feu qui mangeaient ses joues s'en allèrent.

Elle fixa le philosophe, sourit follement, et se recoucha tout de son long, en rangeant les draps du lit.

— Eh bien ! viens me le prendre, dit-elle.

Et avec cet acharnement bestial que les ivrognes mettent à leurs exploits bachiques, elle reporta la bouteille à sa bouche et lui fit une couronne de ses lèvres épaissies.

Msis Rousseau lui saisit le bras.

— Malheureuse ! vous vous tuez, vous dis-je.

— Laisse-moi boire, disait-elle en riant et délirant; c'est si bon... tu boiras après si tu veux....

— Thérèse !

— Mais lâche-moi donc le bras !

Une lutte ignoble s'engagea entre le philosophe et sa femme.

Enfin, ce qui devait arriver arriva : c'est-à-dire que la bouteille noire se cassa entre eux, répandant le reste de la liqueur sur les couvertures.

Une moitié resta aux mains de Rousseau ; l'autre, entraînée par un mouvement désespéré de Thérèse, alla frapper le front de l'enfant.

La frêle créature eût été tuée sur le coup sans le hasard qui semblait veiller sur elle.

La blessure fut si large qu'elle ne put être profonde.

A la naissance des cheveux, l'éclat du verre coupa la peau, en décrivant un accent circonflexe parfaitement arqué.

Le sang jaillit.

Thérèse poussa un cri, car elle crut l'avoir tué, et elle appliqua sa bouche sur la plaie.

Jean-Jacques, un instant vaincu par l'horreur de cette scène, s'éloigna...

Le travail de la nature est si actif chez les êtres naissants, qu'une rupture du tissu cellulaire est chez eux presque instantanément ressoudée.

Lorsque Thérèse eut arrêté l'hémorragie, elle fit à son enfant un anneau de ses bras, et bientôt, peu à peu, affaiblie par le combat qu'elle avait soutenu, bercée d'ailleurs par l'ivresse maladive, elle s'endormit.

Jean-Jacques Rousseau rentra, se glissant comme un voleur chez un orfèvre.

A force de précautions et d'adresse, il parvint à desserrer les bras de Thérèse Levasseur, sans la réveiller.

Il emporta l'enfant.

CHAPITRE CINQUIÈME.

V.

Le fils de J.-J. Rousseau. (*Suite.*)

Seul dans un vaste salon, le duc de Noyal-Treffléan passait son temps, comme Domitien, à percer des mouches avec une aiguille d'or.

Néanmoins, il commençait à s'impatienter lorsque la porte s'ouvrit.

La servante Orphise apportait dans ses bras un nouveau-né, enveloppé des langes les plus riches et les plus fins.

— Eh bien ! Orphise, demanda le duc en tirant une bourse ; fille, ou garçon ?

Orphise soupira.

— Hélas ! monseigneur, ce n'est qu'une fille.

— La peste t'étouffe ! s'écria-t-il en lui

jetant toutefois sa bourse au visage.

Orphise déposa précautionneusement l'enfant sur un sofa, et sortit.

— Une fille ! une fille ! murmura le duc de Noyal-Treffléan en se promenant à grands pas dans le salon ; que diable vais-je en faire, et à quoi cela sert-il, une fille ? J'aurais si bien parié pour un garçon !

Et s'asseyant à peu de distance du sofa, il tomba en rêveries.

Me voici maintenant en face d'une tâche difficile, c'est-à-dire en face du portrait de cet homme qui doit être fait sans broncher, hardiment, cruellement même, à cause de l'enseignement social qui en découle, qui en déborde.

Soyez tranquille, il n'en rejaillira aucune éclaboussure pour la noblesse moderne.

La noblesse d'à présent n'a rien à voir avec la noblesse d'autrefois; la noblesse d'à présent est discrète, convenable, prudente; elle repousse la satire aussi bien que le panégyrique; elle met à ne pas faire parler d'elle autant de soin que la noblesse d'autrefois en mettait à afficher sa vie, sa fortune et ses voluptés.

Il faudrait bien de la bonne volonté pour trouver dans ses mœurs un motif plausible à révolution !

Dans le peu de châteaux qu'on lui a laissés debout, et dans un faubourg désert de Paris où l'herbe pousse, elle vit doucement, assouplie aux usages actuels, sans tristesse, sans moquerie, en relation avec tout le monde, n'ayant du faste qu'aux heures calmes et perdues, et tout juste ce qu'il en faut pour rappeler que, de tous ses priviléges, elle tient uniquement à conserver celui des belles manières et du goût artistique.

Mais j'ai à peindre un homme de l'ancienne noblesse, et ceci est autre chose.

Il me faut des lumières franches et crues, ainsi que de larges ombres.

On doit d'autant moins de ménagements aux pères que les fils s'en passent glorieusement.

Ce sont cinq ou six individualités comme le duc de Noyal-Treffléan qui ont accéléré la venue de la révolution et qui l'ont sinon excusée, du moins rendue compréhensible.

Aussi, cette histoire serait-elle incomplète sans ce personnage important et fatal, philosophe en action, cynique comme au temps où le cynisme avait ses écoles et ses prédicants, et que l'on ne peut pas plus omettre dans les récits de la monarchie que l'éxécuteur dans les annales de la république.

Hugues-Sylvain-Magloire-Etienne-Nicolas-Dominique-Charles de Noyal-Trefléan, seigneur de Chef-Boutonne, de Fougereuse et de Ménitré, descendait des

Noyal de Bretagne, dont les terres considérables sises du côté de la basse mer et de Pornik, furent érigés en fiefs vers 1493.

La ressemblance des armes des Noyal-Treffléan, que cette famille écartelait avec celle des Vermandois, lui faisait dire souvent qu'elle venait d'une princesse de cette maison.

Dans les annales de l'ordre militaire de Saint-Louis, on trouve un Noyal-Treffléan, chef d'escadre, remplissant les fonctions de vice-amiral, créé commandeur par Louis XIV, et ayant reçu des mains de ce monarque le premier cordon rouge qui ait été donné dans la marine de France.

Aujourd'hui, c'est-à-dire à l'époque où s'ouvre notre livre, cette maison comptait des alliances avec les Charolais, les Crussol, les Béthune, les Boulainvilliers, et les Chaulnes-Cadenet.

Le duc de Noyal-Treffléan était un homme de quarante-cinq ans environs; il était fort, vaste d'épaules et d'une taille au-dessus de la moyenne.

On ne pouvait pas dire précisément

que sa figure prévînt beaucoup ; non, elle ne cherchait pas le regard, mais elle le retenait.

C'était un mélange harmonieux de finesse et de puissance, avec une grande teinte d'apathie ; on devinait l'homme qui ne fait rien, justement parce qu'il est capable de tout.

Ceux qui sont impuissants par quelque côté, ceux-là seuls sont les meilleurs ambitieux.

Lui, était une nature complète, développée dans un équilibre parfait.

Il avait la tête carrée à la façon bretonne; d'énergiques cheveux blonds envahissaient tout son front plein de rudesse, comme un escarpement de carrière, moins blanc que le reste du visage; la boîte de son crâne devait être construite avec la solidité d'une citadelle.

Il était facile de préssentir que, dans dans une occasion politique, le duc de Noyal-Treffléan eût montré la tenacité capricieuse de ce Biron que Henri IV fit décapiter.

Ses yeux, plutôt petits que grands,

n'avaient pas de couleur à eux propres;
ils devenaient verts, gris, noirs selon les
circonstances et les impressions.

Du reste, c'étaient des yeux parfaitement secs, des yeux rien que pour voir,
ne nageant jamais dans le fluide.

Ils exprimaient tout, sauf l'attendrissement.

Le nez était d'une grosseur effrontée :
il rappelait celui du Roi-Soleil, ce nez
que le pinceau de Lebrun a fait si terrible
et si trivial.

Mais chez le duc de Noyal-Treffléan,

le nez était expié par la bouche, qui était une merveille de dessin, de couleur et d'expression ; fine et grasse tout ensemble, elle formait un arc parfait, toujours prêt à lancer le sarcasme empenné.

Le coin des lèvres spécialement contenait des mondes de séduction et d'insolence.

Une pointe de sensualité agitait la lèvre inférieure plus rouge,

Le menton tombait droit et rond à la manière des gens sans avidité, qui aiment leurs aises partout.

Il avait le cou fort, mais bien modelé et superbement blanc.

Son éducation avait été celle de tous les nobles du temps, c'est-à-dire qu'il avait été élevé par les pères jésuites, et que les plus verdoyantes années de sa jeunesse s'étaient passées dans les hautes et grandes salles dallées du collége de Rennes.

D'ailleurs, on n'avait jamais reconnu en lui qu'un écolier absolument médiocre, que le plaisir aiguillonnait plutôt que l'émulation.

Ensuite, ce dont on s'aperçut que trop tard, c'est qu'à côté de la science du collége, le jeune Breton s'en procurait une autre, plus dangereuse et charmante, avec laquelle il anéantissait les bons germes de la première.

Il lisait de mauvais livres.

Il dévorait en cachette des romans galantins et poissards que le hasard faisait passer sous ses yeux.

Tout l'argent de ses menus plaisirs était consacré à l'achat des productions scandaleuses qu'on imprimait alors en

Hollande et en Angleterre, mémoires anonymes, libelles coquins datés de la Chine ou de Constantinople, imprimerie du mufti.

Cette armée de livres coupables, qui s'est abattue sur le dix-huitième siècle siècle comme une invasion de barbares, est un fait révolutionnaire suffisamment reconnu aujourd'hui.

Je n'envisage pas sans effroi cette grande expédition du vice contre la société, et ces vengeances terribles exercées la plume à la main, par des goujats sans âmes et sans style.

Quel attrait fatal existe-t-il donc au fond de ces inepties écrites avec le sang-froid d'un valet de bourreau ou avec le rire d'un tabarin qui ne se sent pas bien portant?

C'est ce que le duc de Noyal-Treffléan eût peut-être su vous dire, lui qui prétendait avoir appris bien davantage dans les mauvais livres que dans les bons.

Ainsi donc, et d'abord, cet homme fut le produit immédiat des livres du dix-huitième siècle.

Ce n'est ni par ses propres douleurs ni

par ses propres joies qu'il s'est instruit ; ça été par les joies et par les douleurs écrites.

Il s'est privé de la sorte des découvertes si douces à la jeunesse, des étonnements naïfs, des petits bonheurs qui rendent si fiers parce que l'on croit les avoir inventés.

Il n'a eût que la jeunesse des autres.

Dès vingt-cinq ans, les larmes lui avaient totalement manqué.

La sensibililté l'abandonnait chaque

jour, comme fait une marée qui ne doit plus remonter.

Le rire lui restait à peine, il n'avait plus guère que le sourire.

Déjà même ses passions commençaient à n'être plus humaines, c'étaient des passions *à côté*, excroissantes et parasites, tumeurs morales, dont il est rare qu'on guérisse jamais.

En revanche, il était arrivé à cet immense bon sens, qui est un des plus épouvantables résultats de la débauche calculée.

Ce qui ne s'acquiert pas toujours par la vertu, lui l'avait acquis par le vice.

Dire, horrible étrangeté ! que les voies les plus diverses et les plus extrêmes conduisent souvent à un but semblable ; que les ascétiques et les libertins parviennent au même délire de clairevoyance ! Ah ! monstruosités ! incohérences ! ne plongeons pas dans ces abîmes de la raison, d'où ne peut revenir seulement que l'orgueilleuse pantoufle d'Empédocle, ce type désespéré de l'impuissance en colère !

Pour le monde turbulent et puéril, le

duc de Noyal-Treméan passait pour le type accompli du courtisan et du grand seigneur.

Bien certainement, s'il eût pris naissance dans le peuple, il ne fût pas resté peuple; il fût devenu capitaine illustre, forban redoutable au duc de Noyal-Treméan.

Né grand seigneur, il l'était d'autant mieux qu'il avait plus de peine à le rester.

Ses caprices l'entraînaient souvent à se mêler aux maltôtiers des barrières, ou à boire avec les raccoleurs du quai de la Ferraille et du Port-au-Blé.

Pour redevenir homme de cour après de tels excès, ses efforts pouvaient lui coûter, mais, à coup sûr, il n'en paraissait rien.

Ce qu'il y avait dans sa nature de rebelle à l'élégance s'évanouissait complétement par un prodige de volonté, facile à observer chez quelques hommes supérieurs.

J'en ai vu, des plus sauvages, se promettre d'être beaux et distingués pendant une heure ou deux, et se tenir parole.

Ils éblouissaient.

Le duc de Noyal-Treffléan possédait cette rare qualité au degré suprême.

Vêtement, maintient, langage, tout était noble en lui.

Un fait à constater, c'est qu'il détestait profondément l'esprit, et lorsqu'il en avait, c'était sans le savoir, c'était surtout sans le vouloir.

Il avait pour habitude de dire que l'esprit était l'orgueilleuse excuse des gens qui ne possèdent ni cœur, ni imagination, ni patience, ni passion, ni qualités grandes, ni vices hautains.

Le langage d'un homme d'esprit le laissait toujours sérieux, tandis que les moindres mots d'une brute le faisaient rire aux larmes ou rêver avec délices.

Sa causerie, à lui, se composait de phrases très-courtes et de mots tres-courts.

Il savait recouvrir de douceur ses formules, d'ailleurs très-impératives.

Son geste prévenait la réplique, son sourire éteignait la contradiction, et son regard était préposé aux périphrases.

On aimait à l'entendre, justement parce qu'il tranchait par le fond et par la forme sur le ton général des conversations.

Il imposa une fois tellement à Champfort, quoiqu'il dédaignât de s'adresser à lui, que ce jeune littérateur ne put jamais arriver à fournir plus de quatre bons mots dans toute la soirée.

Ordinairement, Champfort poussait jusqu'à douze, c'était la moyenne. En outre, il avait son tarif pour les repas.

S'il l'avait voulu, le duc de Noyal-Treffléan serait arrivé à tout à la cour de France.

Le roi l'aimait pour la tournure de son esprit, et la favorite pour la tournure de sa jambe.

Il n'avait qu'à tendre la main pour être ambassadeur ou ministre. Bah ! l'idée ne lui en était pas encore venue, mais elle pouvait lui venir ; il ne répondait rien.

Sa famille lui avait fait épouser une dame d'honneur de la reine, qui tenait d'un côté aux Brissac, et de l'autre aux Rohan.

Ainsi pourvu, il vit trop de facilité à être ambitieux, et il se borna à tenir son rang.

Pilier à Versailles, et espalier à l'Opéra. Seulement il se réservait pour ses vieux jours, lorsqu'il serait devenu veuf, de demander le chapeau de cardinal.

Maintenant cet homme marchait d'un pas sûr dans la forêt des vices; il en connaissait tous les taillis et il pouvait en chiffrer l'étendue par hectares.

Maintenant il ne s'occupait plus que de leur culture et de leur revenu net.

C'était effrayant et prodigieux de statistique morale.

Il avait des procédés à lui pour développer tel ou tel défaut, comme les éducateurs de vers à soie ; il avait ses greffes, ses boutures spéciales et selon les saisons.

Un almanach est certainement moins

rigoureux.

En mars, on sème le pourpier et la bourrache.

Lé duc de Noyal-Treffléan faisait ainsi : en mars il semait le défaut, en octobre il récoltait le vice.

Ses plaisirs étaient d'une nature souvent inexplicable, toujours recherchée ; chacun d'eux était une trouvaille, une conquête.

Il passait son temps à la poursuite de

désirs nouveaux et dans leur assouvissement immédiat.

Sa richesse lui permettait de parcourir sans crainte la gamme des criminalités.

Il avait arrangé sa vie avec le soin qu'on apporte à une chose d'art. Des dissonances étaient ménagées savamment. Entre autres originalités, il payait un homme très-adroit et rempli d'imaginative, afin qu'il lui procurât des récréations *imprévues*, des événements auxquels il ne s'attendait pas.

— Fais de ma vie un roman brillant et

joyeux, tout semé d'aventures, lui avait-il dit ; ne néglige ni le mystérieux, ni le tendre, ni le chevaleresque, ni même le terrible, au besoin.

Jette l'or à pleines mains, s'il le faut ; cela regarde mon intendant.

Mais que tes ficelles me demeurent bien cachées, que mes surprises soient réelles ; veille surtout à graduer mes sensations.

Chaque jour, sans pourtant te montrer à ma vue, cherche à deviner mes désirs sur ma figure.

Si tu crois que j'ai l'envie d'un duel, procure-le-moi; d'une maîtresse, qu'elle soit dans deux heures sur mon chemin. Fais-moi voir les gens célèbres ou savants dont je suis curieux, avec malice. Que l'objet qu'on vante ou qu'on envie se trouve sans retard en ma possession.

Enfin, deviens un enchanteur invisible et perpétuellement attentif ; et plutôt que de me laisser m'ennuyer, entends-tu bien, ruine-moi, irrite-moi, et tue-moi, le cas échéant.

Ce rôle, d'une audacieuse invention, il l'avait confié a un romancier malheureux, homme de génie, qui n'a jamais fait, sans l'écrire, qu'un seul livre, la vie de M. le duc de Noyal-Treffléan !

Mais ce qu'il avait dépensé de verve, de passion et de nouveanté dans ce livre vivant, c'est ce qui ne peut s'écrire qu'avec peine.

Ce grand homme inconnu a tour à tour été aussi varié que le Sage, aussi fantastique que Cervantes, profond comme Richardson et plus humoriste que Sterne. Il a mis en scène toute une société et fait mouvoir presque tous les personnages d'un siècle.

Partout il se glissait, il voyait tout, mais il ne faisait voir que ce qui valait la peine d'être vu.

Il a pesé successivement à ses poids rigoureux, princes, artistes, courtisanes, laquais, grandes dames, ministres, spadassins, cardinaux, mendiants, bourgeois et bourgeoises, tout ce qui avait du relief.

Imprimé, ce livre eût eu des dimensions extrêmes. Les chapitres en étaient variés à l'infini, et sous un air de ressemblance entre eux.

Pour la multiplicité des ressources, les plus étonnants aventuriers, Roselli, Balsamo, le comte de Saint-Germain, n'allaient pas à la cheville de cet obscur romancier, qui suscitait les événements et déplaçait les existences au profit d'une seule existence.

Sur un simple caprice deviné, il inventait un drame ou une comédie.

Bouffon, fais-moi rire ! et il avait des joies à dépasser le Pantagruel, qui est cependant un beau livre de joie et de matérialisme.

Avec la métempsycose, il n'eût pas été impossible de prouver qu'il ressuscitait Arioste.

Et quel magnifique décorateur cela faisait ! Le splendide ordonnateur de fêtes ! Quels charmants concerts sur l'herbe, quels bals éblouissants, quelles promenades en bateaux il savait organiser !

Avec lui le lieu de la scène changeait tous les jours ; tantôt c'était un boudoir et tantôt une charmille ; l'herbe, des tapis alternait avec le velours des gazons ; le matin sur le grand escalier de Versailles,

LES CHEMISES ROUGES.

le soir au fond d'une loge en clavecin à l'Opéra.

Du reste, il était sans mœurs, sans pitié, sans conscience; après avoir soulevé la portière d'un salon, il ne reculait pas à lever le loquet d'une pauvre mansarde.

Car ce livre avait des pages barbares, de même qu'il avait des pages sensibles; parfois un déshonneur coudoyait une douce et blanche action.

Rien ne manquait à l'harmonie de l'ensemble. C'était un ouvrage inouï, d'une vérité romanesque, un ouvrage à la fois grandiose, trivial, amoureux, sérieux, riche, extravagant, politique et sans précédent dans les littératures, car il dura la vie de deux hommes, celui par lequel il fut fait et celui pour lequel il fut fait, un auteur et un lecteur, pas davantage.

Telle était une de ces idées de ce duc de Noyal-Treffléan, qui n'était vraiment pas un homme ordinaire.

Maintenant, il se demandait ce qu'il allait faire de son enfant ; il se le demandait avec la naïveté cynique de l'ogre, et il se trouvait fort à plaindre de ce qu'il ne pouvait rien imaginer sur le moment.

Il regardait la petite fille qui dormait tranquillement sur le sofa.

Tout à coup, après avoir agité dans sa tête quelques projets qu'il repoussa comme stupides, le duc de Noyal-Treffléan poussa le mot éternel de tous les Archimède :

— J'ai trouvé.

Et après quelques minutes de réflexion :

— Diantre! quel nom faut-il que je lui donne?

Il leva les yeux au plafond, puis les ramena au plancher.

Avisant l'Almanach de la cour sur une console, il le prit et le feuilleta.

— Parbleu! dit le duc, c'est cela; nous sommes le trois mai; ma fille se nommera Trois-Mai, du jour de sa naissance.

Aller à une table, tracer rapidement quelque mots, déchirer le papier et revenir le fixer par une épingle aux langes de l'enfant, c'est ce que fit le duc en moins d'une seconde.

— Maintenant, s'écria-t-il, il n'y a pas de temps à perdre !

CHAPITRE SIXIÈME.

VI.

Le fils de J.-J. Rousseau (suite).

Il pleuvait...

La nuit était d'un noir irréprochable.

Les reverbères fleurdelisés, rudement secoués par le vent sur leur corde, jetaient seuls des poignées de lueurs dans des flaques d'eau, lueur sale et triste !

Les gouttières chantaient, tombaient et s'aplatissaient sur le pavé, avec de mauvais ricannements.

Nuit bizarre pour l'une des premières de mai !

Le vent eût rougi le nez d'un Suisse et contraint un barbet à se réfugier sous une porte cochére.

C'était l'heure où le cercle des causeurs s'amoindrissait dans les salons de *parfi*-

lage, où les petits abbés se levaient pour aller dire bonsoir à leur marquise et l'appeler *cruelle* en minaudant.

C'était l'heure où la Sylvia, la Gaussin ou la Beaumenard donnaient un sourire ou un coup de busc à leur Mondor, suivant la moisson de gloire qu'elles avaient faite dans la soirée.

On rencontrait çà et là quelques carrosses ravisseurs, aux roues soigneusement enveloppées, qui roulaient sans fracas, les uns du côté de la Grange-Batelière, les autres vers la rue du Bac ou le faubourg Saint-Antoine, partout où il y avait de petites maisons discrètes.

Quelques bourgeois attardés revenaient en *brouette* des spectacles des boulevards; de loin en loin s'entendait la chanson d'un ivrogne ou d'un escroc de billard, interrompue par des invectives contre l'orage.

Minuit sonnait, heure noire que l'homme n'entend pas vibrer sans une émotion involontaire, car c'est le moment où un de ses jours s'envole dans le passé.

Les douze coups murmuraient encore dans l'air troublé ; une ombre se glissa d'un côté de la rue Plâtrière, frôlant les bornes et murailles.

Vue de près, cette ombre laissait deviner un homme dans un manteau ; aux plis du drap, on reconnaissait que cet homme portait quelque chose.

Il marchait avec vivacité, la figure cachée sous une des cornes de son chapeau.

La pluie ne lui faisait rien.

Par intervalles, il jetait son coup d'œil à droite et à gauche, devant et derrière lui, comme s'il eût craint d'être suivi ou épié.

En passant à peu de distance d'un réverbère qui se dandinait au coin de la rue, la lumière frappa pleinement sur ses traits...

C'était Jean-Jacques Rousseau !

Le diseur de bons conseils aux mères de famille allait exposer son enfant.

Voilà donc où mènent les paradoxes !

Au crime raisonné et calme, à la barbarie justifiée, à l'anéantissement orgueilleux des sentiments humains.

Piédestal, tout cela! Jean-Jacques bâtissait alors sur la haine comme il avait bâti tout à l'heure sur la misère. Il ne s'excuse pas, il se glorifie.

Il accuse l'exécration qu'on lui a vouée, et prétend empêcher qu'elle ne retombe sur les héritiers de son nom. Il met ses fils aux Enfants trouvés, afin d'en faire les égaux des princes. Moi, je crois plutôt que cet homme veut tuer sa race et demeurer seul dans l'avenir à porter sa funeste gloire!

Jean Jacques était arrivé maintenant à la pointe Saint-Eustache. Il marchait plus vite.

— Les petits doigts de son enfant réveillé s'accrochèrent à son bras.

Cette caresse inattendue le fit tressaillir.

Puis, la pauvre créature poussa une plainte.

— Tais-toi ! dit Bousseau en lui mettant la main sur les lèvres.

Mais au lieu de se taire, l'enfant se prit à gémir plus distinctement ; seulement, étouffée par une lourde compression, sa voix ne pouvait pas être entendue.

Un instant le vertige s'empara de l'homme au manteau noir.

Les vitres mouillées des mains se renvoyaient la lumière des lanternes.

Les échenals en saillie versaient bruyamment des torrents d'eau.

A fréquentes reprises, l'orage déroulait au lointain l'écharpe rouge de l'éclair. Des coups de tonnerre, violents, butors, précipités, se répétaient sur le silence de la ville.

Le ciel changeait deux ou trois fois de robe dans une heure.

Il lui semblait, à travers les sifflements du vent, que les fenêtres s'ouvraient partout, afin de le voir passer lui et son enfant !

Il se dirigeait du côté de la rue Montmartre, et, en même temps, il remerciait le temps de s'être fait si noir et si rechigné pour une aussi basse action.

A l'angle des deux rues il se heurta face à face avec un individu, suivi d'un petit garçon qui tenait une croix.

C'était un prêtre qui allait porter le saint viatique.

Jean-Jacques se jeta en arrière pour laisser passer l'homme de Dieu, et il continua son chemin ; la secousse n'avait pas interrompu le sommeil de l'enfant.

Le long de la rue Montmartre, quelques

LES CHEMISES ROUGES.

cabarets étaient ouverts, à cause du voisinage des Halles ; on y voyait des hommes stupidement accoudés sur des tables, auprès de quelques chopines et de morceaux de pain rougis, plusieurs d'entre eux dormaient. Il y avait, dans les recoins, deux ou trois femmes sans forme. Personne ne s'égayait là dedans, car chez le bas peuple, on regarde l'ivresse non comme un plaisir, mais comme une tâche sérieuse et à laquelle il est nécessaire d'apporter une gravité presque farouche.

Les buveurs ne chantent que dans la jeune période de vingt à trente ans.

Épuisé, il s'assit sous les Halles.

Son œil atone erra d'abord dans les masses confuses de la nuit, pour venir se fixer sur un point lumineux.

Dans la maison qui lui faisait face, une seul fenêtre était éclairée. L'absence de rideaux permettait de voir ce qui se passait à l'intérieur.

Un artisan, en manches de chemise, travaillait devant une petite table. La lueur d'une chandelle, agrandie par une boule d'eau, tombait sur divers bijoux qu'il était occupé à sertir.

C'était un homme de trente ans environ.

Derrière lui, allant et venant, Rousseau voyait une jeune femme. Sa figure revenait, selon une expression populaire; ses yeux étaient intelligents, sa bouche était bonne.

Elle couchait son petit enfant, en l'embrassant par tout le corps.

Quand elle l'eut bien paré et qu'elle l'eut coiffé avec amour d'un bonnet de quatre sous, elle le prit dans ses bras et l'apporta vivement à son mari, qui se retourna avec un tendre sourire, et qui confondit dans un double baiser ces deux têtes penchées sur lui...

Rousseau regardait.

Ce tableau qu'il venait de surprendre dans sa douceur nocturne entrait dans son cœur, sans forcer les portes, et l'emplissait d'un trouble inexpressible. De sourds battements faisaient remonter à son souvenir les choses à demi entrevues de son enfance.

Les odeurs de jadis, des airs anciens, des émotions qui semblaient perdues sans retour lui revenaient en foule et cependant distinctes comme au moment même.

A ce point d'électricité morale où l'homme se transfigure et absorbe tout autour de lui avec cette puissance de lucidité, aussi difficile à retrouver qu'un degré exact en alchimie, Rousseau plongea cruellement par les yeux de l'âme au fond du néant de sa vie!

Soulevant un coin du manteau qui cachait la figure de son fils, il murmura :

— Si je le gardais?...

LES CHEMISES ROUGES

L'ombre était muette autour de lui. Rousseau, haletant, souriait à cette pensée audacieuse.

Il dévorait son enfant du regard.

Et tout à coup il lui vint un désir.

Après s'être assuré que personne ne pouvait le voir, il pencha ses lèvres sur les siennes et l'embrassa...

L'enfant cria.

Le ciel eut un coup de tonnerre.

Jean-Jacques se releva par une commotion soudaine et trembla.

— Lâcheté! lâcheté! gronda-t-il.

La fenêtre de vis-à-vis brillait toujours.

Il s'enfuit sans oser la regarder.

Enfin, il déboucha sur les quais.

La pluie tombait à flots, à flots, à flots...

Il allait, abrité à demi par les auvents des boutiques.

Egaré, il puisait une sorte de courage dans la furie des éléments.

Son manteau ruisselant lui coulait sur les épaules ; il suait sous son chapeau trempé.

Paris était tout noir.

Le grand vaisseau de la cité, plus noir encore, se détachait et semblait s'avancer vers lui.

A peine cet immense bloc d'ombre était-il piqué de cinq ou six lumières, qui se reflétaient longues et minces dans s la

Seine, comparables à des cierges qui brûleraient tout droit ou fond de l'eau troublée.

Le philosophe avait peur.

La Samaritaine, qu'il avait dépassée, lui sonna un quart d'heure aux oreilles.

Minuit un quart.

Il voyait mal.

Ses yeux battus de gouttes d'eau se vitraient malgré lui.

Les ruisseaux devenaient torrents à son pied.

Il n'en pouvait plus.

Et voilà que, sur le pont Notre-Dame, l'enfant recommença à crier.

Jean-Jacques fut sur le point de le jeter à l'eau.

— Au fait, murmura-t-il, ce serait plus simple ; l'injustice des hommes ne le suivrait pas là dedans...

Il entrait enfin dans la rue de la Cité.

Or, à quelque distance, un autre individu, recouvert, lui aussi, d'un manteau noir se dirigeait également vers l'hospice des Enfants trouvés.

Il portait un fardeau comme Jean-Jacques.

Mais il était gai, lui ; sa démarche n'avait rien de craintif; parfois même il fredonnait les airs de Colasse et de Rameau, intercalant ses souvenirs mélodieux de réflexions dans le genre suivant :

— Oui, parbleu! c'est une idée originale que j'ai eue là, une idée d'or... Je ressemble à Saturne avec moins de cruauté et de gourmandise. Je me contente d'abandonner mon enfant. Si cette petite ne meurt pas, elle me fera une agréable occupation pour ma vieillesse. Voilà mon cousin, l'allure! voilà mon cousin...

C'était le duc de Noyal-Treffléan qui parlait et chantait de la sorte.

On l'a deviné.

Sorti de l'hôtel de la rue Plâtrière au moment où Rousseau sortait de la maison voisine, il avait suivi la même direction pour venir accomplir le même crime.

Il disait, malgré la pluie :

— La vie est un jeu. Je joue à la vie comme je jouerais au pharaon ou au trictrac. Je me fais le plagiaire du Créateur, je lance dans le monde un être, et je suis seul à savoir le secret de son existence. Pourquoi ce qui s'appelle mystère pour Dieu s'appellerait-il crime pour l'homme? Dieu n'est-il pas comme moi un père qui met ses fils à l'hospice du hasard? Diable de pluie.

Souvent aussi il regardait sa fille avec une satisfaction étrange.

— Tu seras belle peut-être et le diable te tentera. Il te tirera par la robe et te fera des niches incessantes. Autour de toi, il rendra le vent du soir plus voluptueux et plus embrasé ; sous tes pieds, l'herbe se ploiera, plus grasses, avec des enivrements terribles. Tu te débattras, petite fille, et je serai là, assistant à tes luttes, derrière toi. Je te sauverai, si cela me plaît, je te perdrai, si je le veux. Je ferai battre ton sang plus vif et plus chaud dans tes veines ; ou bien, selon ma fantaisie, la chasteté viendra abriter ton chevet sous ses deux ailes blanches. De la sorte, j'aurai mon spectacle philosophique et mystérieux. Avec un mot, je ferai la joie ou la douleur de tes seize ans. j'aurai des recettes pour tes larmes, et des ressorts pour chacun de tes éclats de rire. Penché sur toi, comme un médecin, sur son sujet, j'apprendrai le point exact où le cœur se brise ; montre en main, je saurai ce que dure la souffrance ou la jouissance que l'on croit éternelle ; tes hésitations dans la sociétés me diront l'anatomie des instincts, Tu seras un aliment toujours nouveau à ma curiosité.

Puis il tâchait de s'attendrir.

— Qui sait ? Je t'aimerai si je peux. Ta voix aura peut-être pour moi des notes non entendues ; dans ton sourire il est possible que je retrouve d'anciennes et jeunes rêveries ; tes cheveux peuvent n'être pas les cheveux de tout le monde... O ma fille si, grâce à toi, j'allais devenir sensible et humain !...Mais non, un pareil bonheur n'est pas fait pour moi, le paradis de la bêtise me tient ses portes inexorablement fermées.

Cependant tous les deux arrivaient, le duc et le philosophe.

En ce temps-là, les enfants trouvés, au

lieu d'être reçus directement à l'Hôtel-Dieu, étaient déposés dans une pharmacie qui faisait face, et où on leur prodiguait les premiers soins.

En vue de cette pharmacie, collé contre un pilier de la sombre cathédrale, se tenait un troisième individu, enveloppé jusqu'aux dents et mouillé jusqu'aux os.

Celui-là attendait.

La pluie l'inondait ; mais, loin de se rebuter, il opposait un mépris stoïque aux outrages du temps.

Néanmoins il s'enrhumait fort.

— Atchi! disait-il en éternuant, je saurai à quoi m'en tenir. Atchi!

Une patrouille du guet à cheval s'annonça par un bruit cadencé : au détour de la rue du Cloître, on vit apparaître les gardes avec leurs tricornes à galons, et couvrant des plis de leurs larges manteaux la croupe de leurs montures. Ils juraient et maugréaient contre la pluie qui souillait la bourse de leurs cheveux.

— Halte! commanda le sergent.

Il venait d'apercevoir l'énorme tache d'encre que l'inconnu faisait sur la muraille.

— Qui vive ? cria le sergent, qui se détacha et s'avança seul.

L'inconnu se rencoigna de son mieux et ne répondit point.

— Qui vive ?

Toujours semblable silence.

Le sergent eut un juron à faire tomber un saint de sa niche de pierre.

Il poussa sa bête jusque sous le nez et sous les pieds du muet personnage.

Alors celui-ci fit entendre un grommelement de contrariété.

— Çà, l'ami ! qu'est-ce que vous faites ici, à pareille heure ? dit le sergent.

— Parbleu ! je m'enrhume, repartit une voix de notre connaissance.

— Vous moquez-vous du guet par hasard ?

— Je lui dis la vérité, à lui, comme à

tout le monde. Le mensonge est proscrit de ma bouche. Atchi !

— Vous n'avez pas le droit de demeurer planté sous un porche. minuit sonné.

— Et pourquoi pas ?

— Parce qu'on n'a pas le droit de ressembler à un larron.

— Atchi !

— M'avez-vous entendu ?

Cette fois l'inconnu parut impatienté, et haussant légèrement les épaules :

— Allez, allez, sergent ; croyez-moi, poursuivez votre chemin et ne faites pas mouiller inutilement vos hommes. Je suis le docteur Palmézeaux, prononça-t-il en se décoiffant pour laisser voir ses traits.

Le sergent du guet recula au nom du médecin, que répétèrent immédiatement tous les gardes de la patrouille. Ils le connaissaient. Médecin des pauvres, il était aussi médecin des soldats.

— Pardon... excuse ! balbutia le sergent; je me repentirais de mon impolitesse, si elle ne m'avait procuré l'honneur de dialoguer avec un brave homme comme vous.

Et s'adressant à sa troupe :

— Marche ! articula-t-il.

Le guet à cheval s'éloigna.

Quelques minutes s'écoulèrent. La pluie ne cessait pas de tomber.

Le docteur Palmézeaux avait repris son immobilité de marbre.

Tout à coup il entendit un léger bruit de pas.

— Enfin! pensa-t-il.

Mais aussitôt le bruit se doubla, et sur une ligne absolument parallèle, il vit s'avancer deux ombres: d'en côté, un homme noir couvert d'un manteau noir; de l'autre, un homme également noir couvert d'un noir manteau. Juste en face du docteur, ces deux personnages, qui cherchaient où poser leurs pieds, ne se voyaient pas encore, bien qu'ils fussent près l'un de l'autre à se toucher. Ils avaient écarté leur manteau et tenaient chacun leur progéniture sur l'extrémité de leur bras, afin de n'avoir plus qu'à faire un mouvement pour s'en débarrasser.

Comme la porte de la maison de secours, qui restait oujours ouverte, était suffisamment large, ils entrèrent à la fois.

Préoccupés, ils ne se regardèrent point...

Mais, une fois qu'ils eurent consommé leur barbare abandon, en sortant, sur la première marche éclairée par les rayons d'une lanterne rouge, ils levèrent les yeux l'un sur l'autre.

Le duc de Noyal-Treffléan éclata de rire.

Jean-Jacques Rousseau reconnut le grand seigneur qu'il avait rencontré le matin au Palais-Royal, jouant avec un singe.

Il s'enfuit, sombre et contrarié.

Le docteur Palmézeaux avait disparu.

Il avait vu tout ce qu'il voulait voir. Il en avait même vu davantage.

Longtemps encore, à travers la nuit, on entendit l'éclat de rire du duc poursuivant le philosophe.

FIN DU TOME PREMIER.

NOUVEAUTÉS EN LECTURE

DANS TOUS LES CABINETS LITTÉRAIRES

La Louve, par Paul Féval. 5 vol. in-8.
Les Chemises Rouges, par Charles Monselet. 4 vol. in-8.
La Vieille Fille, par A. de Gondrecourt. 4 vol. in-8.
Le Masque d'Acier, par Théodore Anne, auteur de *la Folle de Savenay*. 4 vol. in-8.
Le Juif de Gand, par Constant Guéroult, auteur de *Roquevert l'Arquebusier*. 4 vol. in-8.
La Princesse Russe, par Emmanuel Gonzalès. 2 vol. in-8.
Le Missionnaire, par Clémence Robert. 5 vol. in-8.
La Fille Sanglante, par Charles Rabou. 4 vol. in-8.
La Belle Provençale, par le vicomte Ponson du Terrail. 6 v. in-8.
Dettes de Cœur, par Auguste Maquet. 2 vol. in-8.
Le Tigre de Tanger, par Paul Duplessis, auteur des *Boucaniers*, *Montbars l'Exterminateur*, *le Beau Laurent*, et *Albert Longin*. 5 vol. in-8.
Le Médecin des Voleurs, par Henry de Kock. 4 vol. in-8.
La Cape et l'Épée, par le vicomte Ponson du Terrail. 5 vol. in-8.
L'Homme de Minuit, par Etienne Enault et Louis Judicis. 3 v. in-8.
La Tour Saint-Jacques, par Clémence Robert. 4 vol. in-8.
Les Parvenus, scènes de la vie Parisienne, par H. de Balzac. 4 v. in-8.
L'Avocat du Peuple, par Clémence Robert. 4 vol. in-8.
Les Frères de la Mort, par Charles Rabou. 5 vol. in-8.
Zohra la Morisque, par O. Féré et D. A. D. St-Yves. 4 vol. in-8.
La Mignonne du Roi, par Emmanuel Gonzalès. 3 vol. in-8.
M. Choublanc à la recherche de sa Femme, par Charles Paul de Kock. 3 vol. in-8.
L'Homme de Fer, par Paul Féval. 5 vol. in-8.
Les Chevaliers errants, par O. Féré et D. A. D. St-Yves. 4 vol.
Une vraie Femme, par A. de Gondrecourt. 4 vol. in-8.
La Folie de Savenay, par Théodore Anne. 3 vol. in-8.
Le Cabinet noir, par Charles Rabou. 5 vol. in-8.
Les deux Reines, par le vicomte Ponson du Terrail. 4 vol. in-8.
Les Anges de Paris, par Clémence Robert. 4 vol. in-8.
La Vengeance de Marianna, par Charles Monselet. 3 vol. in-8.
Les Petits Bourgeois, scènes de la vie Parisienne, par H. de Balzac. 4 vol. in-8.
Le Pêcheur de Naples, par Eugène de Mirecourt. 4 vol. in-8.
La maison du Baigneur, par Auguste Maquet. 5 vol. in-8.
Le capitaine Pillavidas, par Gabriel Ferry. 3 vol. in-8.
Fleur des Batailles, par Paul Féval. 4 vol. in-8.
La Contessina, par le vicomte Ponson du Terrail. 5 vol. in-8.
La Franc-Maçonnerie des Femmes, par Ch. Monselet. 4 vol.
Les Mémoires d'un vieux Garçon (Expiation), par A. de Gondrecourt. 5 vol. in-8.
Bavolet, par le vicomte Ponson du Terrail. 3 vol. in-8.
Le Pouvoir de la Femme, par Méry. 3 vol. in-8.
La ville aux Oiseaux, par Paul Féval. 4 vol. in-8.

Imprimerie de P.-A. BOURDIER et Cie, 30, rue Mazarine.

www.ingramcontent.com/pod-product-compliance
Lightning Source LLC
Chambersburg PA
CBHW060410170426
43199CB00013B/2086